태국

THAILA

태국

THAILAND

J. 로더레이 지음 | 김문주 옮김

세계의 **풍습과 문화**가
궁금한 이들을 위한
필수 안내서

시그마북스
Sigma Books

세계 문화 여행 _ 태국

발행일 2022년 7월 5일 초판 1쇄 발행
지은이 J. 로더레이
옮긴이 김문주
발행인 강학경
발행처 시그마북스
마케팅 정제용
에디터 최연정, 최윤정
디자인 강경희, 김문배

등록번호 제10-965호
주소 서울특별시 영등포구 양평로 22길 21 선유도코오롱디지털타워 A402호
전자우편 sigmabooks@spress.co.kr
홈페이지 http://www.sigmabooks.co.kr
전화 (02) 2062-5288~9
팩시밀리 (02) 323-4197
ISBN 979-11-6862-049-0 (04900)
978-89-8445-911-3 (세트)

태국 전도

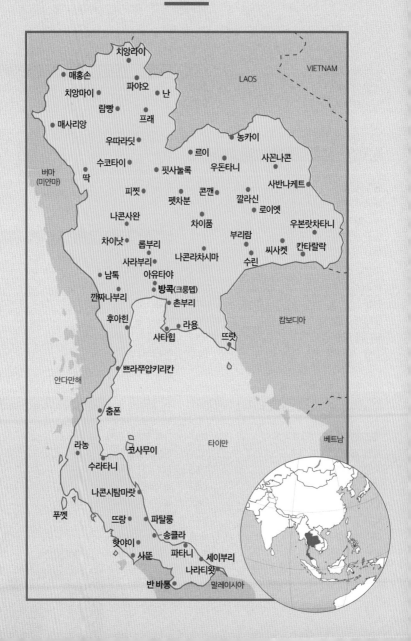

차 례

금빛 사리탑과 푸르른 정글, 코끼리, 원초적인 모습 그대로의 해변, 맵고 자극적인 요리, 그리고 더더욱 자극적인 밤 문화까지, 태국은 많은 외국인들에게 가장 묘한 매력을 지니고 수수께끼 같으면서 '동양'을 대표하는 나라다. 그 유명한 태국인들의 섬세한 매너와 대접은 세월의 흐름에서 빗겨 난 이국적인 불교 왕국이 주는 인상에 한몫을 한다. 이 모든 것에는 그럴 만한 이유가 충분히 있겠지만, 궁극적으로는 관광지로서의 겉모습 뒤로 전통을 존중하는 7천만 국민이 온갖 형태의 현대적 진보에도 전혀 밀리지 않는 나라가 버티고 있다.

태국의 예법은 이 나라의 역사, 문화, 풍습뿐 아니라 오랜 옛날부터 이어져 온 외국인들과의 상호작용으로부터 영향을 받은 세계관에 뿌리를 두고 있다. 대부분 태국인들은 매력적이고 자애로우며 참을성이 강하지만, 모든 방문객이 이들과 소통할 때 편안함을 느끼는 것은 아니다. 혹자는 겉보기에 소극적으로 보이고 직접적인 답을 듣기가 어려워서 혼란스러워하고, 혹자는 거의 맹목적인 것에 가까운 국가적 자긍심이라든지 실수나 잘못을 인정하길 꺼리는 태도에 놀라기도 한다. 게다가 그 그럴듯한 매력이 그저 얄팍한 겉치레일 뿐임이 증명되는 순간들도 많다. 이를테면 공권력과 마찰이 생겼다거나 하는 때처럼 말이다.

태국인들은 공적 영역에서 조화를 유지하기 위해 사회적 기술을 기르는 데 엄청난 노력을 쏟는다. 그러기 위해서 이들은 보통 그 어떤 상황에서도 다른 사람과 부딪히거나 비판하는 일을 피하려고 한다. 갈등이나 비판이 일어나는 것이 전적으로 당연해 보이는 상황에서조차 그렇다. 태국인들의 외모나 형식에 대한 관심은 사회적인 행동이 서구세계에는 결여된 무게감을 가졌다는 사실에 기반하고 있지만, 사적인 영역에서는 겉모습 뒤에 있다고 여겨지는 모습에는 훨씬 덜 신경을 쓴다. 이 모습이 외국인들에게는 모순으로 보일 수 있다.

태국을 방문하는 이유가 일 때문이든 즐기기 위해서든 간에, 다양한 규칙과 기준들이 적용된다는 점을 염두에 두는 것이 좋겠다. 짧은 방문이라 할지라도 방문국을 잘 이해하고 그 나라의 방식대로 알아가게 될 때 훨씬 더 풍요로운 경험을 할 수 있을 것이다. 방문객으로서 마음 편안히 지낼 수 있는 만큼

더더욱 무심코 태국인들이 모욕적이라고 느낄 방식으로 행동하지 않도록 해야 한다.

역사와 종교, 가치를 다루는 포괄적인 부분은 태국의 정서가 지닌 복잡성에 대해 어느 정도 통찰력을 안겨줄 것이며, 일상생활과 사교생활, 그리고 소통에 관한 부분은 새로운 환경에 적응하는 데 도움이 될 것이다. 태국의 문화는 풍요롭고 심미적이며, 음식과 축제, 음악, 춤의 다양한 의식들은 서로 함께하는 즐거움과 기쁨에 대한 태국인들의 엄청난 사랑을 고스란히 드러낸다.

마지막으로 철자에 관해 한 마디 덧붙이겠다. 태국식 이름에서 ph는 p(ㅃ)로, th는 t(ㄸ)로, 그리고 kh는 k(ㄲ)로 발음된다. 이 책에서 태국어 단어를 영어로 음역할 때는 h를 생략했다. 이름과 장소, 축제에서는 태국의 공식 철자법에 따랐으며, 다른 경우에는 영어 사용자들이 쉽게 이해할 수 있게 표음식 철자법을 사용했다.

기 본 정 보

공식 명칭	태국 (Kingdom of Thailand)	랏차 아나착 타이 (Ratcha-Anachak Thai)
인구	7,000만 명	1인당 GDP 7,792 달러
수도	방콕. 인구수 820만 명	크룽 텝(천사의 도시)
주요 도시	치앙마이, 핫 야이 코랏, 콘깬, 나콘시탐마랏, 우본	
면적	513,115km^2(한반도의 2.2배)	
기후	열대성 기후	
민족 구성	태국계 78%, 중국계 14%, 말레이계 4%, 기타 4%	
언어	태국어와 기타 말레이어, 중국어, 크메르어, 몬어 등	토착어인 아카어, 허몽어, 카렌어 등이며, 주요 외국어는 영어
종교	불교 94%, 이슬람 4.5%, 기타 1.5%	
태국력	태국인들은 그레고리안 달력과 불교 달력 등 2가지 역법을 사용함. 태국의 불교 달력은 그레고리안 달력보다 653년 앞섬.	
정부	입헌군주제. 의회는 상원의원 150명과 하원의원 500명으로 구성되며 그 가운데 125명은 비례대표제, 375명은 최다득표순으로 선출됨. 태국의 행정구역은 77개 주와 방콕으로 구성됨.	
통화	바트	동전 1바트, 5바트, 10바트, 지폐 10바트(갈색), 20바트(초록색), 50바트(파란색), 100바트(빨간색), 500바트(보라색), 1000바트(회색)
언론매체	태국어로 된 대표적인 신문은 <마티촌>이며, 유명언론으로는 <타이 라트>와 <데일리 뉴스> 등이 있음.	

영어매체	주요 영어신문으로는 <방콕포스트>와 <네이션>이 있음.
업무시간	월~금 오전 9:00~오후 5:00. 공휴일은 제외.
은행 영업시간	월~금 오전 9:30~오후 3:30, 공휴일은 제외.
전압	200V, 50Hz	표준형 플러그가 아니므로 여행용 어댑터가 필요함.
인터넷 도메인	.th	
전화	국가번호 66	일반전화로 걸 때(국제전화번+66+ 맨 앞 0을 생략한 지역번호+전화번호) 휴대전화로 걸 때(국제전화번+65+ 맨 앞 0을 생략한 휴대전화 번호)
시간	한국보다 2시간 느림	

01

영토와 국민

태국의 인구는 약 6,900만 명 정도로, 그 가운데 절반 이상이 지방에서 거주한다. 쌀농사가 주를 이루는 농업은 1980년대 경제 호황 전까지 대부분의 태국인이 종사하는 직업이었지만 오늘날에는 고작 30%만이 농업을 생계 수단으로 삼는다. 나라가 계속 발전하고 산업화되어 가면서 현재로서는 농업이 점차 주류와는 멀어지고 있다.

영토와 국민

태국은 동남아시아 본토에 있는 프랑스 크기의 국가로, 열대 지역과 아열대 지역에 걸쳐 있다. 미얀마(버마)와 라오스, 캄보디아, 말레이시아와 국경을 맞대고 있으며, 타이만과 안다만해에 접해 있다. 기후는 덥고 비가 많이 오며 매우 습해서, 아주 최근까지 숲으로 덮여 있었던 태국의 네 지역은 모두 매우 다양한 동식물을 보유하고 있다. 태국의 인구는 약 7천만 명 정도로, 그 가운데 절반 이상이 지방에서 거주한다. 쌀농사가 주를 이루는 농업은 1980년대 경제 호황 전까지 대부분 태국인이 종사하는 직업이었지만 오늘날에는 고작 30%만이 농업을 생계 수단으로 삼는다. 나라가 계속 발전하고 산업화되어 가면서 현재로서는 농업이 점차 주류와는 멀어지고 있지만, 인도 계절풍이 계절을 결정하는 이 나라에서는 비와 물을 다스리는 것이 여전히 가장 중요하고 본질적인 문제로 남아 있다.

태국의 지형

【 중앙평원 】

태국 중부는 차오프라야 강의 충적평야로 이뤄졌으며 수자원이 풍부한 옛 시암 도시국가들의 농업 중심지이자 태국의 수도인 방콕이 자리한 곳이기도 하다. 1782년 차오프라야 삼각주에 세워진 방콕은 서로 연결된 운하가 가장 큰 특징이며, 이 운하는 수만 평의 논에 물을 대는 역할을 한다. 오늘날 불규칙하게 뻗어 나간 방콕의 도심은 세계 최고의 종주도시 가운데 하나로, 이 나라의 다른 모든 도시는 그로 인해 왜소해 보일 정도다. 방콕의 공식 인구는 820만 명이지만, 이 계산에는 이 도시가 끊임없이 몸집을 키워가는 데 필요한 건설노동력을 제공하는 태국 인접국과의 이민자들은 말할 것도 없고 그곳에서 살고 일하는 엄청난 지방 이주자들의 숫자는 들어가지 않았다. 카오스에 가까운 광경이라든가 가끔은 충격적일 정도로 극단적인 빈부 차이가 존재하지만 방콕은 참을성을 가지고 탐험했을 때 그만큼 보상을 안겨주는 매혹적인 도시이자 놀라울 정도로 살기 좋은 곳이다.

농부들이 태국 북부 치앙마이의 계단식 논에서 벼를 추수하고 있다.

【북부】

태국 북부는 태국고원이 속해있는데, 이 산악지역의 골짜기와 하천 유역은 과거에 란나 왕국을 이뤘던 곳이다. 란나 왕국은 20세기 초까지 별개의 정치·경제적 독립체로 존재했다. 북부에서 가장 큰 도시는 치앙마이로, 인구는 12만 7천 명을 약간 넘는다. 태국 북부의 인구는 지속적으로 감소하는 추세지만, 북부인들은 학교와 방송에서 사용하는 공식적인 방콕어 대신 샨어나 라오어에 가까운 사투리를 사용한다. 이들의 문화는 요리와 미술, 건축, 그리고 종교와 민속 전통 측면에서 방콕과는 확연히 다르다. 또한 고지대에는 고유의 독특한 언어와 문화를 가진 여러 '고산족'이 살고 있기도 하다.

【북동부】

태국어로 이산이라 하는 태국 북동부는 이 나라에서 가장 크고 가난하며 인구가 많은 지역으로, 태국 총인구의 삼 분의 일이 거주하는 곳이기도 하다. 이산에 사는 이들은 주로 메콩강 유역 라오족의 후손들로, 18세기와 19세기 시암은 이들을 강제적으로 재이주시켰다. 북부인들이 쓰는 사투리는 라오어와 매우 유사하며 다른 문화적 특성들도 그렇다. 농업은 이산경제에서 가장 큰 부분을 차지하고 있음에도, 토양의 질이 매우 떨어지고 태국에서 가장 강수량이 적은 지역이기도 하다. 그런 이유로 방콕과 기타 지역으로 경제적 이주를 한 인구 가운데 가장 높은 비율을 차지하는 것은 이산 출신이며, 이들의 독특한 요리와 대중적인 민요는 전국적으로 유명하며 인기가 높다.

【반도 혹은 남부】

태국 남부는 펫차부리 주에서 시작해 끄라지협을 따라 내려가다가 말레이시아 국경에서 끝난다. 이 지역에는 약 1천만 명

태국 남부 피피섬의 마야 베이.

의 인구가 살고 있다. 서쪽으로는 안다만해를, 동쪽으로는 타이만을 둔 덕에 태국은 세계에서 가장 아름다운 해변과 섬들을 보유하고 있다. 다만 일부 지역은 극도로 탐욕스럽고 지속 불가능한 관광산업으로 인해 고통받고 있다. 국립공원들은 훼손되지 않고 다양한 생물종이 거주하는 일부 지역을 보호한다. 태국 최남단에 있는 빠따니와 얄라, 나라티왓 등 3개 주에는 말레이계 이슬람교도들이 거주하고 있으며, 복잡하게 얽힌 역사적 이유로 인해 분리주의자들의 반란이 계속되면서 2004년 이후 계엄령이 내려진 상태다.

기후와 계절

태국은 세 계절로 구분되는 열대성 기후를 띤다. 3월부터 5월까지는 하기, 6월부터 9월까지는 우기, 10월부터 12월까지는 건기로, 물론 '건기'와 '우기'라는 명칭은 상대적이다. 방콕의 12월 평균기온은 25도지만 습도가 높아서 보통은 훨씬 더 덥게 느껴지며 우기에도 맑은 날이 꽤 많다.

기후는 지역에 따라 다양하게 나타난다. 북부 산악지대에서는 12월과 1월이면 밤에 추울 수 있으며, 10월에는 태국 전역과 특히 방콕지역에 큰 홍수가 발생할 가능성이 높다. 바다와 가까운 지역은 종종 높은 습도로 인해 고통받는다.

태국 남부는 계절에 따른 기후 차가 덜하다. 남서쪽 해안과 산지에서는 5월과 10월 사이에 남서 계절풍을 경험할 수 있으며, 동부에는 10월과 12월 사이에 가장 많은 비가 내린다.

민족 구성

태국은 문화적·민족적으로 매우 다양하게 구성된 나라지만 민족주체성을 불어넣으려고 오랫동안 노력해왔고 어느 정도 성공을 거두었다. 그 예외라 할 수 있는 최남단 지역에서 별개의 정체성을 유지하는 이들조차 자신을 태국인으로 인식한다. 일반적으로 태국의 인구구성을 설명하려면 적어도 다음과 같은 인종적 범주를 참고하면 되겠다.

【타이족】

태국은 1939년까지 시암이라 불렸다. 그러나 서구의 영향을 받아 나라를 근대화하기 위한 계획의 일환으로, 국가적·인종적 동질성을 확고히 하기 위해 국가명을 변경했다. 따라서 '태국인'이라는 표현은 현대 태국의 국민을 가리키지만, '타이족'은 태국인들이 속해 있는 좀 더 넓은 의미의 인종 집단을 의미한다. 이들은 동남아시아와 중국 남부 곳곳에 퍼져 있으며 인도 동북부 지역에서도 살고 있다. 타이족은 제1천년기에 중국 광시에서 동남아시아 본토로 내려오기 시작했으며, 몇 세기에 걸쳐 몬족과 크메르족과 섞이면서 인도아리아 문화를 받아들였다. 그리고 마침내 논 경작에 기반을 둔 도시국가를 형성하게 됐다.

【 중국인 】

근대 이전의 시암에서 중국인 상인들은 특별한 경제 계층을 형성했고 19세기와 20세기에는 중국 이민자들이 여러 차례에 걸쳐 대거 이주해왔다. 비록 이들이 몇몇 이웃 국가들과 비교하면 중국인으로서의 정체성과 전통을 면면이 간직하고 있기는 하지만 놀라울 정도로 태국 사회에 잘 융화되었다. 1980년대 중국이 경제 대국으로 부상하면서 중국계 태국인들의 전통이 상당히 유행하게 됐다. 오늘날 화교의 비율은 전체 인구의 약 10%에서 14%를 차지하고 있으며 금융업과 소매업, 제조업 등에서 영향력을 발휘하고 있다.

【 말레이족 】

태국에는 200만 명 이상의 말레이족이 있으며, 그들 가운데 대다수가 최남단에 살고 있다. 방콕과 그 외 지역에서도 몇몇 소수 공동체가 존재한다. 이들은 대개 이슬람교도이며 태국어 외에도 파타니 말레이어를 사용한다.

【 크메르족 】

태국에는 100만 명 이상의 크메르족이 살고 있으며, 주로 캄보디아와 맞닿은 지역인 수린, 부리암, 시사켓 등에 거주한다. 크메르족은 일반적으로 이중 언어를 사용하지만 태국 사회에 완전히 동화되어 있으며 태국 국민으로 여겨진다. 또한 방콕과 그 외의 지역에는 확인되지 않은 숫자의 크메르계 난민과 이민자가 존재한다.

【몬족】

몬족은 타이족에 거의 완전히 동화되어 왔다. 하지만 몬어를 사용하는 몇몇 공동체가 여전히 중앙평원과 일부 지역에 남아 있다.

【인도인】

태국에는 약 20만 명의 인도인이 주로 방콕과 치앙마이, 푸켓, 송클라에 살고 있다. 많은 인도인들이 섬유업과 양장업에 종사하며, 태국인들은 인도 아대륙에서 온 이들을 모두 '카엑'이라 부르는데, 문자 그대로 '손님'이라는 의미다.

【고산족】

'고산족'이라는 용어는 고원지대와 미얀마와의 서부 접경지대에 사는 소수민족들의 다양성을 가리키기 위해 사용된다. 아카족, 라후족, 야오족, 카렌족, 몽족, 리수족, 팔라웅족 등이 여기에 속한다. 현재 다양한 공동체들이 정착하고 있지만, 이들은 과거에 유목민으로서 숲이 우거진 고지대에서 화전농업을 했다. 한때 이들은 아편을 생산하고 공산반군을 결성하는 등 태국이라는 국가에 심각한 문제가 되었으나 이제는 태국 북부 관광산업에서 중요한 부분을 차지하고 있다. 태국 국경 안에 사는 고산족의 총 인구수는 약 100만 명이다.

역사

【 초기왕국과 문화 】

공식적인 태국의 역사는 현대 태국보다 앞서 존재했던 역대 왕조와 문화의 목록을 인정한다. 여기에는 드바라바티, 수코타이, 란나, 그리고 아유타야 등이 포함된다. 사실 이 왕국들의 초기에 관해서는 비교적 알려진 바가 거의 없으며, 그 가운데 일부는 상당한 국가적 신화화의 대상이 됐다.

　8세기 중국 남부에서 타이족 이민자들이 도착하기에 앞

서 오늘날의 태국 영토에 가장 먼저 정착한 것은 몬·크메르족이었다. 이 두 민족은 쌀 생산을 기반으로 삼았고 해상무역과 교류를 통해 인도의 문화와 치국책을 받아들였다. 타이족은 서서히 몬·크메르족에 흡수됐고 좀 더 남쪽을 향해 차오프라야 유역까지 움직였고, 그곳에서 오늘날 우리가 사용하는 형태의 태국어가 지배적인 언어가 됐다. 최초의 문서가 등장한 것은 13세기인데, 일부 태국 역사책에서는 수코타이 왕국시대에 석판에 새겨진 이 문서가 일종의 원시적 형태의 헌법이라고 소개하고 있다. 그중 특히 한 부분은 태국 역사에 대한 모든 서술에 인용되곤 한다.

람캄행 왕이 통치하던 시기에 수코타이 왕국은 번창했다. 물에는 물고기가 뛰놀고 논에서는 쌀이 나던 시절이었다.

문장은 수코타이 주민들이 누릴 수 있던 혜택과 자유, 지배자의 아버지 같은 자애로움, 그리고 여러 종교적 유적을 계속 나열한다.

수코타이는 종종 태국의 옛 수도라고 언급되지만 실제로

19세기 후반까지는 수도와 국경을 갖춘 국가라는 개념이 없었다. 그 대신 이 지역에는 내로라하는 군주제 도시국가들(태국어로는 무앙muang이라 한다)이 곳곳에 들어섰다. 그러나 그 명성과 위세, 안정성은 그리 오래 가지 못했다.

이들의 사회는 중앙집권적인 기관보다는 개인적인 인맥에 기반을 뒀다. 전쟁도 빈번히 일어났지만 일반적으로 경쟁국을 파괴하기보다는 두 국가 간의 위계적 동맹을 재편성하는 것이 목표였다. 인구구성은 다양하지만 규모가 매우 작아서 어느 한 왕국이 무너지면 그 주민은 강제적으로 이주해야 했다. 이런 유형의 정치구조를 흔히 만달라 체제라고 부른다. 만달라 체제를 이해한다면 오늘날 태국의 문화에 대해 더욱 깊은 통찰력을 가질 수 있다. 더 자세한 내용은 다음에 나오는 페이지를 참고하자.

앙코르의 강력한 크메르 제국이 13세기 중반 쇠락의 길에 접어드는 동안 태국 아유타야 왕국이 차오프라야 유역에서 건설되어 우세를 점했다. 아유타야는 군사력뿐 아니라 문화적 성취와 무역을 통해 진정으로 위대하고 세계적인 도시국가로 발전해나갔다. 동남아시아 지역에서 중국이 가장 선호하는 무역 상대국이었던 아유타야는 밀랍과 깃털, 향목, 그리고 다

• 만달라 체제 •

서구열강들과 접촉하기 이전까지 태국과 사실상 동남아시아의 큰 부분을 통치했던 과거의 왕국들은 흔히 만달라 체제라고 부르는 체제에 따라 통치했다. 이 체제의 구성 요소들은 오늘날에도 여전히 정치와 사회 전반에서 관찰되며, 이를 인지한다면 태국 정치와 문화의 요소들을 이해하는 데 도움이 된다. 그렇지 않은 경우에 태국의 정치와 문화는 일관성 없고 모순된 것으로 보일 수 있다.

만달라는 고전 산스크리트어로 '원'을 의미한다. 만달라 체제는 가장 강력한 중심점을 가지는데, 이 체제에서 권력과 영향력은 마치 촛불에서 빛이 뻗어나가듯 그 중심점으로부터 발산되고 주변부로 갈수록 약해진다고 설명할 수 있다. 권력은 인맥과 후견 관계라는 특징을 가지며 중앙집권이 결여되어 있고, 군주는 관료제보다는 관례에 따라 통치했다. 이 도시국가들은 느슨하고 역동적인 동맹관계를 맺었고, 더 약하고 작은 국가들은 큰 국가들의 보호를 받는 대가로 공물을 바쳤다.

오늘날 태국 사회의 표면 아래로 이 체제의 흔적이 아주 많이 남아 도사리고 있다. 공적인 행사와 형식을 중요시하는 것이 이런 흔적 가운데 하나로, 그 이면에는 어떤 사람이 공적인 영역에서 의무를 잘 수행하는 한 사적인 영역에서의 행동을 단속하는 데 그다지 신경 쓰지 않는 사회가 존재한다. 앞으로 더 살펴보겠지만, 사회 전체적으로 존재하는 '후견인-피후견인' 관계 역시 여전히 남아 있는 또 다른 만달라 체제의 흔적이다. 현대 태국에서 겉으로 드러나는 중앙집권적인 정치구조 뒤로는 느슨하고 역동적인 위계질서에 따라 형성된 복잡한 연결망이 존재한다. 이는 전국적으로 법과 규제가 전혀 다른 온도 차를 보이며 적용되는 원인이기도 하다.

른 열대우림 농작물처럼 진귀하고 이국적인 생산품들을 북쪽에 있는 이 거대한 이웃 국가에 바쳤다. 아유타야는 또한 중국과 인도, 말레이 국가 사이에서 중추 역할을 하며 해상무역을 확장해가는 기회로 활용했다. 훗날 포르투갈인들과 다른 유럽열강들 역시 이 무역 중심지를 활용했다. 1569년 버마인들이 도시를 포위하고 함락시켜서 수천 명의 시암인 포로들을 페구의 중앙부대로 데려갔다. 이렇게 잡혀간 포로들 가운데에는 시암의 왕자인 나레수안이 있었다. 나레수안은 부왕인 산펫 1세를 새로운 버마의 지배자들에게 계속 충성하게 만들기 위한 왕실 포로였다.

나레수안은 전쟁 끝에 아유타야로 돌아가고 1590년 왕위에 올랐다. 그의 집권 후 버마에 대항하는 군사행동이 성공을 거두고 지역 강대국으로서 신속히 복귀하는 시대가 열렸다. 오늘날 나레수안은 태국 역사상 가장 위대한 왕 가운데 한 명으로 존경받는다. 태국 전역에는 나레수안에게 헌정된 수백 개의 사원과 조각상이 있으며 대다수는 최근 30년 동안 세워졌다. 나레수안 왕은 흔히 오른손에 든 작은 물병을 비우는 모습으로 묘사된다. 이 모습은 시암이 버마로부터 독립한다는 나레수안 왕의 선언을 상징하며, 그의 영혼은 강력한 수호신으로 추앙받는다. 나레수안 왕의 사원은 주변을 둘러싼 다양하게 많은 투계 도자기상으로 쉽게 알아볼 수 있다. 이 도자기상은 소원들 들어주는 것에 대한 답례로 바친 감사의 공물들이다(감사의 공물이 지닌 중요성에 관해서는 3장을 참고하자).

이후 2세기 동안 아유타야는 다시 국제무역의 최강국으로 등극했고 다양한 인구구성으로 풍성한 문화의 중심지가 됐다. 왕실은 전 세계에서 온 외국인들을 고용해서, 당시 유럽인들에게 '동양의 베니스'라 알려지게 된 나라에 새로운 사상과 기술을 전수하도록 했다. 소승불교가 번성했고, 왕조와 그 의례들은 옛 크메르 전통과 유사한 방식으로 신성화되었다. 왕은 대중으로부터 철저히 감춰졌고 왕의 지위는 신성한 존재로까지 격상되었다. 왕의 권력은 그 신성한 지위로 인해 보장되었고

왓 수완 다라람 사원 안의 벽화. 1955년 나레수안 왕이 함락된 버마의 도읍 한타와디로 입성하는 모습이다.

승가(상가^Sangha)를 계속 후원했다. 또한 왕의 영향력은 신성한 목적을 가지고 강력한 신들과 연계되면서 더욱 공고해졌다.

평화와 번영의 시기가 한 세기 반가량 지속된 후 새로운 버마의 왕조가 등장해 아유타야를 완전히 멸망시키고 지역 전체의 교역을 넘겨받기 위해 나섰다. 이례적일 정도로 끈질긴 버마의 공격을 이겨낼 수 없던 아유타야는 결국 1767년 4월 항복한다. 오늘날에도 모든 태국인이 익히 알고 있는 바로 그 날이다. 민족주의 관점의 역사는 아유타야가 어느 정도 파괴되었는지 크게 강조해서 기술하지 않지만, 그로 인해 버마가 태국의 영원한 경쟁국이자 적이라는 과잉된 이미지가 조성되었고 현재까지 여전히 이 이미지는 집단적 사고 안에 강력하게 살아 있다.

【 짜끄리 시대와 제국의 시기 】

시암인들은 중국계 혼혈인 딱신 장군 아래에 결집했고, 딱신은 왕이 되어 톤부리를 도읍으로 삼는 국가를 세웠다. 차오프라야 강 건너편, 오늘날의 방콕까지 이어지는 지역이었다. 1782년 딱신은 자신이 거느리던 한 장군에 의해 축출되고, 이 장군은 이후 현 짜끄리 왕조의 라마 1세로 등극했다. 그리고 방콕을 이 새로운 왕국의 도읍으로 세웠다. 라마 1세의 통치기는 성공적이었다. 시암은 버마보다 군사적으로 우세했고 지금의 라오스와 캄보디아, 베트남 자리에 있는 소국들을 속국

라마 5세(쭐랄롱꼰 왕).

으로 합병해 권력망을 구성했다. 또한 라마 1세는 승가를 복원하고 문학과 법률, 교범의 문서화를 후원했으며, 귀족들의 지지를 받으면서 군주제를 개혁했다.

짜끄리 시대의 모든 군주는 공식적인 태국 역사에서 그 자비와 업적으로 추앙과 존경받지만 아마도 최고의 성군으로 꼽히는 것은 라마 5세(1868~1910년)일 것이다. 몽꿋왕(태국 밖에서는 소설 『왕과 나』에서의 묘사로 더 유명하다)의 아들인 라마 5세는 동남아시아에서 프랑스와 영국의 제국주의가 가장 탐욕스럽게 확장되던 시기에 왕위에 올랐다. 역사는 좀 더 미묘한 차이를 살려 기술되어야 하는 것이 타당하지만 라마 5세는 동남아시아에서 공식적으로 식민화되지 않은 유일한 국가로 버틴 시암의 끈질김을 주도했다고 인정받는다. 이는 외교적 수단을 통해 이뤄낸 것이기도 하지만, 동쪽으로는 프랑스령 인도차이나가 되고 남쪽으로는 영국령 말레이가 되는 등 국토의 삼 분의 일 이상을 희생한 덕이기도 했다. 동시에 라마 5세는 절대군주로서 강화된 권한을 휘두르며 시암의 정부 기관과 인프라, 그리고 엘리트주의를 근대화했다. 왕실은 태국의 정치적 독립을 유지하면서도 유럽의 기준을 철저히 받아들였다. 특히 의복과 건축 분야에서 두드러졌는데, 이탈리아식으로 지어진 방콕의 아난타 사마콤 왕궁이 그 대표적인 예다.

왕권에 대한 적의가 라마 6세의 재위 기간 동안 급부상한 중산층 사이에서 형성되기 시작했고, 1932년 절대군주제는 시민과 군인들로 구성된 집단에 의해 전복되고 헌정 체제로 변경됐다. 그 이후 군은 시암 혁명으로 불리게 된, 무혈의 정치개입이라는 선례를 세웠다. 태국은 1932년 이래로 스무 차례, 관점에 따라서는 그 이상의 군사쿠데타를 겪었고 여전히 군은 태국의 정치에서 중요한 역할을 맡고 있다.

【 세계대전 】

태국은 제1차 세계대전에서 마지막 순간까지 중립국으로 남아 있었고, 1918년 독일과 연합군 간에 휴전협정이 맺어지기 한 달 전에야 프랑스 측에 소규모 군을 파견해 전투에 참여했다. 그 덕분에 태국은 새로 창설된 국제연맹에 가입할 수 있었다. 제2차 세계대전이 발발했을 때 거의 독재자에 가까웠던 피분 송크람 총리는 다시 한번 태국의 중립국 지위를 유지하려고 애썼지만, 1941년 일본군이 침략한 뒤 일본과 휴전협정을 맺을 수밖에 없었다. 피분 총리는 이념적으로 일본에 동조했고, 이 동맹을 지난 세기에 프랑스가 차지한 영토를 되찾는 데 유리하게 활용하려 했다. 1945년 일본이 항복한 뒤 미국은 전후 협상에서 반일적인 성격의 '자유태국운동'과 연합국에 대한 군사적 지원의 공을 인정하여 태국을 우호국으로 받아들이기로 동의했다.

【 냉전과 미국의 시대 】

인도차이나반도에서 갈등이 확대되고 동남아시아의 다수지역에서 공산주의 반란이 전개되는 와중에 미국은 이 지역의 주요한 냉전 동맹으로서 태국에 크게 투자했다. 그 과정에서 태국은 미국으로부터 묵직한 군사적·경제적 원조를 받는 기회를 누리게 됐고 이는 태국의 군사독재정권으로 하여금 군주제의 쇄신과 재신성화, 그리고 맹렬한 반공산주의의 형태로 전통적이고 보수적인 가치에 전념하게 했다. 동시에 미국 대중문화가 군인들과 함께 태국으로 유입되어 술집과 성매매 업소로 구성된 악명 높은 R&R$^{Rest\ \&\ Recreation}$ 구역을 형성했다. 이 R&R 구역은 오늘날까지 방콕과 파타야, 그 외 지역에서 관광명소 사이에 끈질기게 살아남아 있다.

1970년대 미국은 점진적으로 태국에서 철수하기 시작했고, 공산반군들이 태국 북부에서 세력을 키워나갔다. 이 격동의 시기에 심각한 학생시위가 1973년과 1976년 두 차례 벌어졌고, 그 결과 극악무도한 국가폭력이 무고한 생명들을 앗아갔다. 특히 1976년 대학살은 여전히 태국인들에게 매우 불편한 주제이며, 공개적으로는 거의 언급되지 않는다.

1980년대에 총리인 프렘 틴수라논다 장군은 사면을 제안하면서 국내 공산주의자들의 위협을 무력화시키고, 경제성장과 번영의 시기를 여는 길을 닦았다. 정치적 불안정이 계속되었는데도 경제 호황은 1997년 아시아 경제위기가 닥치기 전까지 이어졌다. 태국은 매우 큰 타격을 입었고, 바트의 가치는 절반으로 떨어졌으며 주식시장은 75%까지 폭락했다. 그로 인한 IMF 구제금융을 태국인들은 매우 치욕적으로 받아들였고, 국수주의적 정서가 되살아나서 국가의 경제회복 이후에도 살아남게 됐다.

【 대중정치, 군주제, 그리고 군사쿠데타 】

태국의 현 정치적 상황은 탁신 친나왓의 등장까지 거슬러 올라갈 수 있다. 탁신 친나왓은 전 정치인이자 억만장자 재벌로, 2001년 국무총리로 취임했지만 2006년 군에 의해 축출됐다. 탁신은 중단되는 일 없이 임기를 채운 유일한 선출직 총리로, 포퓰리즘적인 정책과 IMF 빚의 신속한 상환을 통해 북부와 동부지역에서 엄청난 추종자들을 얻었다. 그러나 그는 임기 동안은 인권탄압 논란과 부패 혐의로 홍역을 치렀고, 전반적으로 태국의 전통적인 엘리트들에게 위협이 된다고 인식됐다.

탁신의 분열된 정부는 두 가지 색으로 구분되는 대중적인 정치 시위 운동을 일으켰으며, 이 시위가 시대를 정의하게 됐다. '붉은 셔츠'는 탁신을 지지하는 운동으로, 대부분이 북부에서 온 지방 유권자들로 구성됐다. 반면에 '노란 셔츠'는 극단적인 왕정주의자들로 총리에게 반대했으며, 방콕과 남부지역의 중산층 주민들로부터 대부분의 지원을 끌어내었다. 이 불안한 시기 동안 군은 2010년 붉은 셔츠를 강제진압 했고, 그로 인해 85명의 시민이 사망하고 방콕 금융가 일부가 불탔다. 전통적으로 정치적 중립을 지키던 왕실의 입장과 상충하는, 붉은 셔츠 운동에 반대한다는 인식이 퍼지면서 왕실의 평판

2013년 붉은 셔츠 시위자들이 전 총리인 탁신 친나왓과 그의 여동생이자
총리인 잉랏 친나왓의 초상화를 들고 있다.

은 악화됐다.

그러나 탁신은 망명 생활을 하면서도 태국의 정치에 계속
영향력을 행사했다. 탁신의 여동생인 잉랏은 탁신의 뒤를 이어
2011년 총리의 자리에 올랐지만 2014년 총사령관 쁘라윳 짠
오차의 손에 축출됐다. 이후 쁘라윳 짠오차는 친나왓의 세력
을 전방위적으로 진압했고, 아무리 탁신이 충분한 자산과 끈
질긴 지지기반을 확보하고 있다 하더라도 지금으로서는 재기
가 불가능해 보인다. 쁘라윳은 빨랑 프라차랏 당의 대표가 되

었으며 2019년 라마 10세 즉위 이후 총리가 됐다.

70년이라는 최장기 재위 기간을 기록한 라마 9세의 죽음과 라마 10세의 즉위는 이 시대를 보여주는 결정적인 순간이었다. 왕실의 유지가 현 정치적 투쟁의 핵심 쟁점이라는 주장은 아직 제기되지 않았지만, 라마 10세의 집권은 분명 태국 민주주의의 혹한기에 시작됐다.

정부와 정치

태국은 150명의 상원의원과 500명의 하원의원으로 구성된 의회를 갖춘 입헌군주제 국가다. 보통선거권이 존재해서 17세 이상의 모든 국민은 선거에 참여할 수 있으며, 선거는 4년마다 치러진다.

하원의원 후보는 적어도 25세 이상이어야 하며 학사학위를 보유해야 한다. 375명은 선거구 중심으로 선출되지만 남은 125명은 정당이 제출한 명단에서 비례대표제로 선출된다. 총리는 하원에서 다수결로 선출되며, 총리가 되기 위해서는 반드시 35세 이상이어야 한다. 상원의원 후보는 적어도 40세 이상이어야 하며 학사학위를 보유해야 한다.

【 태국의 정당 체제 】

태국에서 정당은 특정한 이념적 이상을 지닌 지속적인 집단이 아니라 핵심 인물을 중심으로 무리를 이루는 개인과 집단의 느슨한 동맹인 경우가 많다. 정당 충성도는 자주 달라진다. 당원들은 언제든 즉각 변절할 준비가 되어 있고, 선거로 구성된 정부들은 거의 연립정부였다. 이런 정치적 풍토는 우리가 만달라 체제(27페이지 참고)를 떠올린다면 좀 더 이해하기가 쉽다. 즉, '후견인-피후견인' 관계를 기반으로 한 불안정한 인맥이 만달라 체제의 핵심 요소이며 이 기본적인 구조는 현대적인 국가 제도라는 탈을 쓴 채 태국 사회에 남아 있다.

태국군

1932년 혁명 이후 태국군은 정치에서 중심적인 역할을 맡았고 태국 사회 전반에서 전례 없이 광범위한 영향력을 행사해 왔다. 1932년 이후 발생한 쿠데타와 군인 출신 총리의 숫자가

이를 증명한다.

　군과 왕실은 육군 원수 사릿 타나랏이 총리로 재임했던 이래(1959~1963년) 대개는 서로를 지지했다. 군 지도자들이 유럽의 전체주의를 정부의 본보기라고 생각하던 시대가 지나자, 사릿은 그 대신 태국인들의 결집을 도모할 고유한 존재로서 왕실에 초점을 맞췄다. 그는 라마 9세의 재임 초기에 왕권을 부활시키는 주된 역할을 맡았고, 이러한 협력적 관계는 오늘날까지 이어지고 있다.

　명문 학교인 출라촘클라오 왕립군사학교는 공학과 과학 등 좀 더 일반적인 과목뿐 아니라 경영학과 행정학 등이 포함된 커리큘럼을 갖추고 있다. 강력한 정치파벌이 종종 동기들을 중심으로 형성되며, 왕립군사학교 설립 이래 다수의 육군 참모장과 총리가 배출됐다. 태국군의 내재적인 철학은 군이 태국의 정치적 통일체에서 필수적인 기관으로서, 왕실을 보호하는 것뿐 아니라 부패한 민정에 대항해 국가를 지켜야 한다는 것이다. 따라서 군사쿠데타는 '재시동' 버튼과 유사한 역할을 한다. 민간지도자가 사욕을 채우려고 권력을 남용한다면 군은 군법에 따른 안정화 기간을 거쳐 그 지도자를 추방하고 정부를 재수립하기 위해 개입할 수도 있다.

태국에서 군대는 골프장과 복싱경기장, 주유소, 경마장, 호텔, 그리고 라디오 및 TV 방송국 등 여러 사업을 소유하고 운영한다. 태국 사회에서 고위직 군인들은 권력과 영향력을 갖추고 최고위층과 연결되는 경향이 있다. 만달라 체제를 다시 한번 떠올려봤을 때 이 군인들은 흔히 공적인 제도보다는 사적인 방식에 따라 자신들만의 인맥을 형성하고 운영해나간다. 다시 말해 군 조직 내에서 파벌이 자주, 그리고 쉽게 형성된다는 의미다.

경찰

태국 왕립경찰 역시 태국의 안보 조직에 있어서 흥미로운 기관이다. "미국의 시대" 동안 미국의 원조를 받으며 경찰은 군에 대한 일종의 대안적인 보안대로 발전했으며 여전히 군과 경쟁적인 관계에 놓여 있다. 태국 경찰은 군대식 지휘체계와 훈련법을 사용하며 일반적인 경찰의 수준보다 더 많은 전투 장비를 보유하고 있다. 또한 국경수비경찰대 같은 엘리트 부대와 준군사조직을 구성해서 왕실의 지원을 누리고 있기도 하다.

태국 경찰은 경찰 부총경 출신이었던 탁신 밑에서 영향력을 부활시키고 예산이 확대되는 호시절을 보냈다. 그러나 2014년 쿠데타로 그 시기는 끝이 나버리고, 오늘날은 군이 이끄는 정부가 됐다.

분쟁과 국경지대

【최남단 지역】

2000년 초반 이후 태국 최남단의 세 지역에서는 분리주의자들의 내란이 계속되고 있다. 이 지역에서는 이슬람교도가 주류를 이루지만, 분쟁은 보통 종교보다는 인종과 정치문제에서 비롯된다고 이해되고 있다. 이러한 분쟁의 씨앗은 제2차 세계대전 이후의 시기로 거슬러 올라가지만, 군 지도자와 현지 지도자 간에 이뤄진 허술한 합의는 대체적으로 안정적으로 유지되어 왔다. 그러나 2001년 탁신 정부는 지역 안보에 대한 책임을 경찰에게로 넘기면서 군이 성공적으로 형성해놨던 인맥과 제도를 뒤흔들어 놨고 그 결과 갈등이 재점화됐다. 정권이 내놓은 후속 반응은 아둔했고, 결국 국제적으로 비난을 받은 여러 잔학행위로 이어졌다. 2004년 다시 군 소관이 됐지만 지금까지 긍정적인 성과는 거의 없다. 태국 최남단으로의 여행은 설령 가능하다 할지라도 쉽지 않으며, 반드시 신중해야 한다.

【 프레아 비히어 】

한 세기 이상 계속된 태국과 캄보디아 간의 국경분쟁이 2008년 새로이 발생했고 교전으로 이어지면서 수십 명의 사상자를 냈다. 분쟁은 1962년 국제사법재판소에 의해 캄보디아에 속하는 것으로 인정된 프레아 비히어 사원의 유적에 뿌리를 두고 있다. 이 유적은 2008년 마침내 유네스코 세계 문화유산에 이름을 올렸다. 태국은 스스로가 영토와 함께 세계무대에서 체면을 잃었다고 인식하고 있으며, 국수주의자들이 이 쟁점을 더욱 부추기고 있다. 태국 쪽 국경으로부터 유적지에 접근할 수 있지만, 방문객들은 반드시 상황을 지속적으로 관찰하며, 현지에서는 신중하고 민감하게 행동해야 한다.

【 미얀마 국경 지역 】

미얀마에서 군인과 다양한 소수민족들 간의 갈등이 계속되면서 난민들이 지속적으로 국경을 넘어 태국으로 들어오는 모습을 볼 수 있다. 현재 국경 근처에는 9개 캠프에서 9만 명 이상의 난민들이 거주하고 있다. 당연히 강력한 태국의 군과 경찰이 주둔하고 있으며, 이 지역으로 모험을 가보려 하는 방문객들은 정보에 귀를 기울이며 주의해야 한다. 불법 마약 밀매와 인신매매가 성행하는 지역이기 때문이다.

골든 트라이앵글 지대의 악명 높은 헤로인 생산 시대는 이제 막을 내렸고 양귀비밭은 양배추밭으로 바뀌었지만, 태국 시장을 겨냥한 미얀마산 메스암페타민 약물 거래가 새로이 이뤄지고 있다. 이 거래는 이 지역을 잘 알고 있는 여행자들에게는 실질적인 해가 되지 않지만 지역 곳곳에서 자주 군 검문소와 마주치게 된다는 것을 염두에 두도록 하자.

도시와 지방

방콕은 단연코 태국에서 가장 큰 도심 주거지로, 이 나라의 정치적·경제적 중심지다. 방콕의 크기와 무질서한 설계로 인해 익숙해지기에 꽤나 노력이 필요하지만, 묘한 매력을 지닌 이 도시의 다양성은 세계 어느 곳에서도 찾아볼 수 없이 특별

하다. 본래 '방콕'이라는 이름은 이 도시보다 과거에 존재하던 마을을 가리키는 것으로, 실제로는 외국인들만 방콕이라 부를 뿐 태국인들은 '크룽 텝'이라 부른다. 크룽 텝은 43음절로 이뤄져서 세상에서 가장 긴 장소 이름인 정식명칭을 축약한 것이다! 정식명칭을 번역하면 다음과 같은 뜻이 된다. "천사들의 도시이자 위대한 도시, 에메랄드 부처가 사는 곳이자 인드라가 지키는 난공불락의 도시, 아홉 개의 고귀한 보석을 가진 위대한 세계의 수도, 환생한 신들이 사는 천국의 거처를 닮은 거대한 왕궁들이 가득한 행복의 도시, 인드라가 내리고 비슈누가 지은 도시." 한 번 듣고 이름 외워보기 시합을 해보는 것은 어떨까?

방콕의 구도심은 라타나코신 섬으로, 차오프라야강 굽이에 만들어진 인공섬이다. 라타나코신섬에는 궁궐과 사원단지가 있으며 중국인들의 상가 겸 주택들이 늘어선 동네와 싸구려 호텔들, 다양한 식도락의 보고로 둘러싸여서 식사와 사업이 모두 거리에서 이뤄지는 곳이다. 그로부터 10km도 떨어지지 않은 곳에는 금융지구인 라차프라송이 있다. 궁궐과 사원 대신 고층 건물과 거대한 쇼핑몰이 스카이라인을 형성하는 곳이다. 방콕은 호화스러움으로는 이 세상 그 어느 곳에도 뒤지

지 않으면서도, 모든 취향과 주머니 사정에 맞게 아주 다양한 라이프스타일을 선택할 수 있는 꽤나 실질적인 매력을 지닌 곳이다.

수백만의 이민자가 방콕에 살고 있으며, 그 가운데 다수가 교외의 붐비는 아파트 블록과 도심의 슬럼가에서 살아간다. 이 심각한 생활환경의 격차를 감추려는 노력은 거의 없다. 방콕은 덥고 습하며 지저분하며, 한때 고요했던 운하는 이제 심각하게 오염되고 그 가장자리를 따라 판잣집들이 줄지어 있다.

차오프라야강을 건너는 탁신 다리를 포함해 방콕의 스카이라인을 담은 조감도

방콕은 매년 1cm에서 2cm의 속도로 가라앉고 있으며, 교통체증은 특히 러시아워에 모두가 사실상 마비 상태에 이르게 되면 인내심이 상당한 이들조차 힘들게 한다. 다행히 운하버스와 지하철, 계속 확장 중인 스카이트레인과 오토바이 택시 서비스를 이용하는 것이 가능하다(방콕을 돌아다니는 방법을 더욱 자세히 알고 싶다면 7장을 참고하자).

방콕은 거침없이, 그리고 거창한 계획도 없이 성장하는 중이다. 그 결과 병목현상이나 슬럼화 같은 많은 문제들을 가져

오기도 했지만, 동시에 상당한 매력을 낳았다. 기이하고 아름다운 풍경이 도시탐험가를 기다리고 있으며, 어떤 동네는 너무나 녹음이 우거지고 평화로워서 당장 이곳이 어디인지 그저 잊어버릴 정도다. 방콕은 왕궁과 사원, 그리고 다양한 식당뿐 아니라 고전 문화와 대중문화 모두가 풍성한 곳이며 아찔할 정도로 다양한 오락거리를 가졌다. 대부분의 지역은 시장과 펍, 클럽, 카페, 스파, 박물관, 화랑으로 가득 차 있다. 모든 종류의 매음굴은 말할 것도 없다. 자세한 내용은 제6장을 참고하자.

다른 주의 주도는 규모 면에서나 다양성 면에서 방콕과 비교가 되지 못하지만 저마다의 매력을 가지고 있기에 탐험해볼 만한 가치가 충분히 있다. 태국 북부의 최대도시인 치앙마이는 수백 개의 아름다운 사원과 활기 넘치는 미식의 현장을 갖춘, 나름의 차별적인 느낌과 문화를 가진 도시다. 북동부에서 가장 큰 도심인 코랏은 크메르족 유적과 자연공원으로 잘 알려져 있다. 푸켓은 유서 깊은 시노포르두기스 건축물, 그리고 온갖 오싹한 도구로 스스로 몸을 뚫은 고행자들이 행진하는 카니발과 같은 채식주의자 축제로 차별성이 있다.

상당히 훌륭한 수준의 도로가 이제는 태국 곳곳까지 뚫렸고 교통수단은 그다지 비싸지 않다(7장을 참고하자). 건축과 인 프라에 있어서 주마다 점차 비슷한 모습을 갖춰가기 시작하 고 있다. 다른 국가들과 마찬가지로 교외의 주택단지와 게이티 드 커뮤니티는 구식 거주지의 다양성을 계속 앗아가고 있다. 태국의 지방자치단체들은 공식적으로 도시(나콘Nakon), 마을(므 앙Muang), 군(암프Ampoe), 면(탐본Tambon)으로 분류된다. 가장 작은 단위는 부락(반ban/미오반mio-ban)이다.

태국의 농촌 생활은 도시의 삶과는 극적일 정도로 다르지

농업은 한때 태국 경제를 떠받치는 기둥이었으나, 이제는 GDP에서 10% 미만을 차지하고 있다. 태국은 세계에서 인도 다음으로 쌀을 많이 수출하는 나라`다.

만 인프라와 이동성, 교육이 대대적으로 개선되면서 도움을 받게 됐다. 국내외 여행자들에게 지역 생산품과 관광지를 홍보하는 데 큰 노력을 기울이면서 생계 수단을 다각화하고 새로운 기회를 만들어내기도 했다. 그러나 농촌에 사는 대부분의 젊은이들이 어느 순간 방콕이나 다른 도시로 떠나버리는 것 또한 현실이다. 언젠가는 분명 많은 이들이 고향으로 돌아오겠지만 오직 노인들만 살고 있는 촌락들을 마주치는 일도 그리 드물지 않다.

경제: 기본사항

태국은 신흥 공업국으로 간주되는데, 이는 다른 개발도상국보다 경제적으로 더욱 크게 성장하고 있으며 그로 인해 사회가 상당한 구조조정을 겪고 있다는 의미다. 태국은 경제 규모가 아시아에서 여덟 번째로 큰 국가이자 동남아시아에서 두 번째로 큰 국가로, 2020년 말 기준 GDP가 5,400억에 이른다. 그 해 발생한 코로나바이러스 팬데믹의 충격은 장기적인 결과는 불확실하다 할지라도 다양한 분야의 위축을 가져왔을 가능성이 높다. 수출은 태국 GDP의 3분의 2를 차지하며, 서비스와 공업 부문이 그 뒤를 잇는다. 팬데믹 이전에 관광업은 GDP의 15%에서 20%를 차지했었으며, 현재 농업은 10% 미만을 차지하고 있다.

지금껏 살펴보았듯 태국에는 부와 생활환경에서 엄청난 격차가 존재하기는 하나 경제 호황을 경험한 1980년대 이후 빈곤의 정도가 급격하게 좋아졌다. 그러나 최근 들어 반대 경향이 나타나기 시작했다. 세계은행에 따르면 태국의 빈곤층은 2015년과 2018년 사이 2%에서 9.85%로 증가했다. 태국이 이러한 상황을 언제 어떻게 바꿔놓는 데 성공할지는 아직 두고 봐야 할 것이다.

태국인은 가족과 마을과 강력하고 튼튼한 관계를 맺으며, 이 관계는 고향을 떠나 돈을 버느라 고군분투하는 이들에게 안전망이 되어준다. 가족들 사이에서는 강력한 책임 의식이 존재하며, 필요한 경우에 특히 부모를 도와야 하는 때 도움을 받을 수 있는 일이 빈번하다. 태국의 농촌 지역에는 다양한 생계 수단이 혼재하는데, 보통은 농사 관련 노력과 수공예품이나 도자기 같은 가내수공업, 그리고 이주 노동력으로 구성된다. 달걀을 모두 한 바구니에 담지 말아야 그 어떤 경제적 어려움 속에서도 좀 더 잘 버틸 수 있는 법이다. 이는 예측 불가능한 날씨에 좌우되는 농경사회에서 힘들게 배운 교훈이라 할 수 있겠다.

주요 사건	
11세기	시암(태국)인들이 크메르 제국의 차오프라야 강 골짜기에 정착
1240년	독립된 태국왕국으로서 수코타이 건국
1275~98년	람캄행 왕 재위
1296년	치앙마이에서 란나 왕국 건국
1350년	아유타야 왕국 건국
1432년	아유타야가 크메르 왕국의 앙코르를 침략
1548년	버마의 첫 습격
1516년	아유타야가 포르투갈과 조약을 맺음
1558년	버마가 란나 왕국을 정복
1598년	아유타야의 나레수안 왕이 버마인들을 란나 왕국에서 몰아냄
17세기	왕실 독점 하에 중국, 일본, 유럽인들과 대외무역을 발전시킴
1604년	네덜란드가 아유타야에 교역소를 세움
1612년	영국이 아유타야에 교역소를 세움
1615년	버마인들이 란나 왕국을 다시 지배하기 시작함
1656년	나라이 왕 즉위
1662년	첫 프랑스인 가톨릭 선교사 도착
1684년	첫 프랑스 대사관이 아유타야에 세워짐
1688년	나라이 왕 서거. 시암은 유럽의 군사고문단과 선교사들을 추방하고 고립정책을 시행함

1767년	아유타야는 버마에 포위당함. 탁신은 저항 운동을 주도하며 시암의 수도를 톤부리로 천도
1782년	탁신 왕은 정신질환에 걸리고 라마 1세가 대신 왕위에 오름. 라마 1세는 수도를 방콕으로 재천도
1821년	영국 동인도회사가 교역을 시작하기 위해 특사파견
1824년~1851년	라마 3세가 유럽 외교관과 선교사에게 다시 시암을 개방
1827년	라오의 왕이 시암을 침략하나 패배함
1851년~1868년	몽쿳 왕 즉위. 유럽 고문들이 정부와 법체계, 군의 근대화에 도움을 줌
1868년~1910년	쭐랄롱꼰 왕 즉위. 시암의 근대화가 더욱 진행되고 중국인 노동력을 사용해 철도망이 개발됨. 쌀의 주요 수출국이 됨.
1893년	시암이 라오스를 프랑스에 이양.
1909년	시암이 네 개의 말레이 주를 영국에 이양.
1932년	절대왕정 폐지. 무혈쿠데타로 인해 라마 7세는 어쩔 수 없이 헌법을 선포하고 민·군 합동 정부를 설립함
1935년	라마 7세의 퇴위. 조카 아난다가 왕위를 승계함
1938년	육군원수 피분 송크람이 총리에 취임
1939년	국가명을 시암에서 태국으로 변경
1941년	일본 침략. 태국은 강제로 동맹국으로 편입
1945년	일본 철수. 태국은 라오스, 캄보디아, 말레이반도에서 침탈한 영토를 강제 반환.
1946년	아난다 왕 서거하고 동생인 푸미폰이 왕위를 계승
1947년	피분이 군사쿠데타로 권력을 되찾고 왕실은 허수아비가 됨
1950년	푸미폰 왕 즉위
1955년	정당과 언론의 자유 도입
1957년	사릿 타나랏 장군이 무혈쿠데타로 집권. 군사독재 시작
1963년	사릿 사망. 타놈 끼띠카촌 장군이 총리에 취임

1967~74년	베트남전에서 태국이 미국을 지지함
1973년	학생시위 후 군사정부가 강제로 사임
1976년	학생시위가 군에 의해 진압되고 계엄령 선포
1977년	군사혁명위원회가 무혈쿠데타로 정부를 축출
1980년	쁘렘 틴술라논다 장군이 연립정부를 구성. 태국의 안정기이자 번영기
1991년	수친다 끄라쁘라윤 장군이 무혈쿠데타로 정권 탈취. 민간내각이 구성됨.
1992년	무력 시위가 비상사태로 이어짐. 왕이 개입하고 수친다 장군은 사퇴.
1997년	태국 경제 파탄. 새로운 헌법 수립.
2001년	백만장자 사업가인 탁신 친나왓이 선거에서 승리
2006년	군사쿠데타. 탁신은 부정부패 혐의를 받음
2007년	탁신계 국민의 힘 정당(PPP)이 선거에서 승리
2008년	탁신이 태국에서 추방됨. 헌법재판소가 PPP를 해산
2011년	탁신의 여동생 잉랏이 총리 취임
2014년	잉랏이 조기 선거를 실시하나 무효화됨. 계엄령 선포.
2016년	개헌 국민투표 실시. 라마 9세 서거.
2019년	쿠데타 지도자인 쁘라윳 짠오차 장군이 총선거에서 승리. 라마 10세 즉위.
2020년	코로나19가 태국을 강타하며 관광산업이 직격탄을 맞음. 청년층이 이끄는 정치 시위의 새바람이 시작됨.

02

가치관과
사고방식

급격하게 근대화가 진행되기는 했지만, 태국 사회는 여전히 몇 세기 동안 전해 내려온 계급제도에 따라 구성되어 있다. 가족 단위가 그 무엇보다 중요하고 모든 사회적 상호작용은 친해지는 데 필요한 복잡한 규칙 안에서 이뤄진다. 2장에서는 태국인에게 가장 중요하면서도 흔히 볼 수 있는 태도와 가치를 탐색한다.

급격하게 근대화가 진행되기는 했지만 태국 사회는 여전히 몇 세기 동안 전해 내려온 계급제도에 따라 구성되어 있다. 앞으로 살펴보겠지만, 가족 단위가 그 무엇보다 중요하고 모든 사회적 상호작용은 친해지는 데 필요한 복잡한 규칙 안에서 이뤄진다. 2장에서는 태국인에게 가장 중요하면서도 흔히 볼 수 있는 태도와 가치를 탐색해보려 한다. 이런 점을 의식할 때 예상을 바로잡는 데 도움이 되며, 앞으로 마주칠 수 있는 낯선 상황과 사건들을 좀 더 쉽게 이해할 수 있다.

계급제도, 가족, 그리고 사회

19세기 후반까지 사회적 계층은 사끄디나 제도에 의해 성문화되어 있었다. 사끄디나 제도는 소작농부터 왕까지 모든 사람에게 번호를 할당하는데, 이 번호는 얼마나 많은 땅을 소유할 권리가 있는지 가리켰다. 아유타야 시대에 처음 등장했지만 제도의 정확한 기원은 확실히 알려지지 않았다. 태국 사회는 이후 극적으로 변화했지만 여전히 그 구조는 좀 더 유연하지만 부당한 계급제도의 영향을 받고 있다.

과거에 계급제도는 노동자와 귀족이 결합된 사회제도를 기반으로 했던 반면에, 오늘날은 '이상적인 가족'이라는 틀에 의지한다. 전통적인 태국의 대가족에서 남자는 여자보다 우월했고(적어도 표면상으로는 그랬다) 손윗사람은 손아랫사람보다 우월했다. 가족은 가장 나이가 많은 이가 지시하는 대로 집단의 이익을 위해 서로 조화를 이루며 협력했다. 태국 사회는 가끔 이러한 관점에서 명백하게 표현된다. 즉, 왕과 왕비를 부모로 둔 국민 가족이라는 것이다. 모든 국민은 저마다의 역할과 의무를 지녀서 부모의 권위 아래에서 수행해야 한다. 국민 가족 안

송끄란 새해 축제에서 한 가족원이 손윗사람의 손에 꽃을 우려낸 물을 부으며 복을 빌고 있다.

에는 이와 같은 구조를 바탕으로 부모의 권위를 지닌 더 작은 규모의 가족들이 존재한다(여기에서 다시 만달라의 틀이 등장한다). 태국어 자체에서 이 개념을 찾아볼 수 있는데, 태국어에서 화자는 자신이 누구에게 말을 하느냐에 따라 적절한 대명사를 선택해 사용해야 한다. 이런 대명사가 60개 이상 존재하며, 그 사용법을 완전히 터득하는 일은 비태국인에게 분명 버겁다. 대다수 대명사가 자식 관계를 바탕으로 하는데, 특히 어머니, 아버지, 손위 형제와 이모 등을 지칭하는 특정한 단어가 존재하는 것이 그 예다. 그러나 그 모든 단어에는 화자가 대화 상대와의 관계에서 지닌 사회적 지위가 반영되어 있다.

계급과 장소 역시 사람들을 어떻게 인식하고 상호작용할 것인지 결정짓는 요소다. 예를 들어 야외의 뙤약볕에서 일하는 지방주민은 도시에서 일하는 사람보다 열등하다고 여겨진다. 도시에서 일하는 사람은 냉방이 잘 된 실내에서 시간을 보낼 가능성이 더 높다. 그래서 태국 사회에서 창백하게 흰 피부는 높게 평가된다. 마트에서 파는 대부분의 비누들은 화이트닝 효과가 있다고 내세우고, 일광욕은 미친 짓으로 취급받는다. 대략적으로 말하자면, 특히 방콕에서 도심에 가까운 지역사회일수록 더 '문명화'됐다고 가정한다.

어느 사회에서나 각 사회계급에는 저마다의 규범과 예의를 가지고 있으며, 계급 간 존재하는 격차의 종류는 다른 나라라 할지라도 크게 다르지 않다. 아마도 놀랍지도 않은 일이지만, 다른 계급과 지역의 사람들 사이에 상당한 적의와 반감이 존재하며, 이는 태국의 정치에서 결정적인 역할을 한다. 권력자와 정치 엘리트들은 '푸야이poo yai', 즉 문자 그대로 '큰 사람'이라고 부르고 지방주민들은 '시골 사람'을 뜻하는 '차오반chao ban'이라고 부른다. 다양한 정치적 서사가 이러한 고정관념을 저마다의 서사에 적합하게 동원하고 부당하게 이용한다. 예를 들어, 관점에 따라 '푸야이'는 부모와 같은 현명하고 윤리적인 보호자가 될 수 있고 아니면 부패한 권위주의자가 될 수도 있다. 마찬가지로 차오반은 도덕적이고 전통적이라고 여겨질 수도 있지만 냉소적인 정치인에게 농락당할 처지에 있는 순진한 농민이 될 수도 있다. 물론 이 역시 일반화이긴 하지만, 태국 문화에 친숙해질수록 어느 정도 이런 식의 태도들을 알아차릴 수 있을 것이다.

지위, 체면, 그리고 의무

태국어의 관행을 지키려면, 일반적으로는 사회적 예의를 지키려면 교류하는 사람들의 지위를 파악하는 것이 어느 정도는 불가피하며, 실은 간과해서는 안 될 부분이기도 하다. 특히 공적인 자리에서 누군가에게 응당 보여야 할 존경심을 보이지 않는다면 그 사람의 존엄에 대한 모욕으로 인식될 수 있으며, 열에 아홉은 바로 잡는 작업이 필요할 수 있다. 공개적인 자리에서 고의적으로 모욕하는 행동은 서구국가에서 예상할 수 있는 바를 넘어선 반응을 유발하게 된다. 매너의 중요성을 잊지 말자!

다른 사람들이 보여주는 존경 외에도 한 사람의 지위는 과시에 가까운 소비와 물질적 부에서 드러난다. 이는 가끔 체면치레 혹은 '미나미따 mee na mee dta(말 그대로 체면이 있고 보는 눈이 있다는 의미)'라고 불리며, 태국에서는 비싼 차를 몰고 옷을 잘 차려입으며 커다랗고 호화스러운 집에서 사는 것을 의미한다. 실제로 재산이 적은 사람들이 극도로 단출한 집에서 살면서 화려한 차를 모는 일도 그다지 드물지 않다. 태국에서 체면을 유지하기 위해서는 사원에 큰돈을 기부하고, 기부를 통해 승려가,

그것도 가능하다면 고위 승려가 장례식과 가옥 축복식에 참석할 것이라고 보장받아야만 한다. 기부자의 이름은 사람들이 모두 볼 수 있게 사원 내부의 건물과 게시판에 새겨진다.

체면의 또 다른 특성으로는 특히 공개적으로 갈등을 의도적으로 피하는 것이 있다. 태국인들은 잘못을 저지르거나 비난받는다고 보이는 것을 극도로 꺼린다. 또한 마찬가지로, 피할 수 있는 경우 다른 사람들에게도 비난을 받는다고 느끼게 만들지 않으려고 애쓴다. 태국인들은 위협적이지 않은 태도로, 다른 사람들의 잘못된 행동이 설령 자신들에게 영향을 미친다고 하더라도 무시하는 경우가 종종 있으며, 예를 들어 식당에서 형편없는 서비스를 받았을 때도 불만을 제기할 가능성이 작다. 아마도 태국인들의 반응은 그저 그 식당에 다시는 가지 않는 편에 가까울 것이다. 감정, 그중에서도 분노나 좌절을 공공연하게 내보이는 일은 용납되지 않으며 주변 사람들 모두에게 몹시도 불편한 감정을 느끼게 만들 것이다.

의무는 다양한 형태로 태국 사회와 앞서 설명한 사회계급에 내재되어 있다. 태국인은 조부모와 부모, 그리고 아이를 키우고 돌볼 수 있게 시간과 자원을 내주는 다른 친척에게 심심한 감사와 은혜라는 감정을 느낀다. 태국어로 '까딴유gadtanyu'라고 하는 이런 감사와 은혜의 감정은 아이들이 부모와 보호자를 숭배할 뿐 아니라 이들이 나이가 들었을 때 조건 없이 부양하고 돌보게 만든다. 예를 들어 나이 든 부모님을 양로원에 보낸다는 것은 생각조차 할 수 없다. 부모나 보호자의 의견에 대놓고 반대하는 일은 거의 용납되지 않는다.

또한 가족이 아닌 후견인에게도 감사해야 한다. 이론상 권력자의 위치에 있는 사람은 손아랫사람들을 돕고 보호하며, 그 대가로 충성과 신뢰를 기대한다. 이러한 후견인-피후견인 관계 탓에 태국의 제도 안팎으로 파악하기 어려운 소규모 인맥들이 형성되는 것이며, 왜 공식적인 규칙과 절차들이 가끔은 내부적으로 모순되는 것처럼 보이는지 설명해준다(자세한 내용은 27페이지 만달라 체제를 참고하자).

자긍심과 국수주의

태국은 공공 생활의 측면 대부분에 골고루 밴, 강한 국가적인 자부심을 지니고 있다. 이런 자부심은 체계적으로 서서히 국민들에게 주입되며, 대중문화 구석구석에까지 존재한다. 태국인들의 위대한 자부심은 승려의 지위를 포함한 국가의 불교적 전통과 제도뿐 아니라 왕실로부터 비롯된다. 실제로 국기부터 우표에 이르기까지 태국의 모든 표현과 상징은 신성한 존재로 취급된다.

19세기 중반 시작된 유럽 제국주의시대 이래로 '시민성'이라는 개념은 태국에서 매우 중요해졌다. 태국인들은 태국의 국왕, 그중에서도 라마 10세가 국가를 근대화하기 위해 끈덕지게, 그리고 슬기롭게 일했다고 배운다. 라마 10세는 서양의 관점에서 시민성의 부족을 식민지 침략의 핑계로 삼지 못하게 해야 한다고 믿었다. 태국의 문화와 역사에 관련해 새로운 관점들이 표면 아래 도사리고 있지만 주류를 이루는 해석에 공개적으로 반론을 제기하지는 않는다.

상대적으로 보았을 때 태국인들은 자기네 나라가 아직 발전하는 과정임을 인식하면서도 태국이 다른 국가에 비해 덜 '문명화'됐을 가능성이 있음을 내비치는 발언에 민감하다. 국수주의적인 해석에 따르면 서구국가는 물질적으로 더 부유하고 발전했을지라도 태국 문화가 윤리적으로 우월하다고 본다.

대부분의 태국인이 순수하게 느끼는 국가적인 자부심은, 여행자들이 태국에 감탄하고 찬사를 보내면서 그 위업을 인정할 때 이들이 얼마나 기뻐하고 심지어 감동하는지를 보면 명백히 알 수 있다.

공적 영역과 사적 영역

태국 사회가 지닌 한 가지 재미있는 점이라면 공적인 사교활동과 사적인 사교활동 사이에서 맞닥뜨리게 되는 차이다. 태국에서 겉으로 드러나는 외모와 풍채는 아주 중요하며, 모든 공적인 행사는 매우 중요하게 취급된다. 태국인들의 행사는 그저 허울뿐인 의식이 아니며, 의미 있는 사회적 상호작용의 핵심이다. 행사는 집단적인 의미에서의 체면으로, 순응과 함께 서구적인 관점에 보았을 때 가끔은 거의 숨 막힐 정도의 형식을 요구한다. 그러나 사적인 영역에서 이러한 순응은 필요하다고 여기지 않는다. 태국인들은 다른 사람들이 공적인 영역에서 멋대로 굴거나 겉으로나마 조화로운 느낌을 해치지 않는 한 그 생각과 행동에 매우 관대하고, 더 정확히 말하자면 관심이 없다.

이를 보여주는 사례 가운데 하나가 매춘을 대할 때 겉으로

드러나는 일관적이지 않은 태도다. 매춘을 비윤리적이고 불법이라고 간주하면서도 암묵적으로는 정부 관계자를 포함해 모든 사람이 이를 용인하고 인정한다. 물론 '특별 서비스'라든지 '비누 거품 마사지'라는 완곡한 표현을 달고 있긴 하다. 그런 서비스를 제공하는 모든 상점은 본모습을 감추기 위해 표면적으로는 엄청난 주의를 기울이며, 누구나 다 뻔히 알고 있다 하더라도 적어도 여론을 반영하는 모양새를 갖춘다. 또 다른 사례로는 특히 여행자들이 모이는 지역에서 영업시간 후에도 술을 공개적으로 마시는 문제다. 이런 행위는 가끔 암묵적으로 허용되기는 하지만, 술은 커피잔에 담겨 제공되며 맥주병은 탁자가 아니라 바닥에 두어야 한다는 조건이 달린다. 모든 사람이 커피잔에 담긴 것이 커피가 아님을 알지만, 표면상으로 체면은 유지된다.

공적인 영역과 사적인 영역 간의 뚜렷한 차이, 그리고 태국에서 집단적인 체면이 가지는 중요성을 이해하고 존중하는 것은 도움이 된다. 예의에 맞는 옷차림을 하고, 공개적인 장소에서 애정 표현을 하지 않으며, 국가가 연주될 때 태국인들과 함께 제자리에 멈춰 선다면 태국인들의 존경과 감사를 얻을 수 있을 것이다. 그 태국인들이 개인적으로는 이러한 규범에 불만을 품고 있다 하더라도 말이다.

행동 예절과 인사법

앞서 논의했듯 태국에서 존경과 예의를 드러내기 위해 행동으로 표현하는 일은 대부분 서구사회보다 훨씬 중요하다. 예를 들어, 더 높은 지위의 사람들과 함께 있을 때 태국인들은 눈에 띄게 긴장이 풀어진 품행이나 격의 없게 보일 수 있는 행동을 보이지 않으려고 자제한다. 다리를 꼬거나 탁자 위에 팔꿈치를 괴지 않으며, 심지어 의자에 등을 대지 않고 앉을 수도 있다. 또한 낮은 목소리로 말을 하고 음식이나 음료를 섭취할 때 매우 절제해야 한다. 그러나 명심해야 할 가장 중요한 원칙은 확실하다. 높이가 지위를 반영한다는 점이다. 몸 자체를 계급적으로 이해하면 된다. 머리는 가장 높고 신성한 부분이고, 발바닥은 가장 낮고 불결한 부분이다. 어떤 상황에서든지 사람들은 가장 나이가 많거나 신분이 높은 사람이 약간 더 높이 있을 수 있도록 자세를 가다듬는다. 자리에 앉아 있는 손윗사람 곁을 지나가야 하는 경우 공손하게 몸을 낮추고 지나가야 한다. 발은 가장 낮은 곳에 있는 가장 불결한 부위이므로 누군가의 머리 위로 발을 올리는 일은 결코 용납될 수 없다. 발을 책상에 올리거나, 대중교통을 탔을 때나 어떤 상황에서든 다른 사람을 향해 발바닥을 보이는 일은 몹시도 모욕적인 행동이고 거의 용인되지 않는다. 승려와 평신도, 혹은 왕족과 평민처럼 가장 차이가 나는 상황에서 이러한 행동 예절을 깨는 일은 실질적으로 불법이며 심각한 결과를 가져온다. 이 상황에서 승려와 왕족을 표현한 물건조차 실제 인물과 다를 바 없이 간주된다는 것을 잊지 말자. 여기에는 사진과 조각상, 모든 종류의 상징들이 포함된다. 심지어 동전마저도 그 위에 국왕의 얼굴이 새겨져 있다는 점에서 그렇다. 절대로 동전을 밟지 말 것!

보편적인 태국의 인사는 '와이^{Wai}'라고 한다. 와이는 두 손을 모아서 양 손바닥을 납작하게 붙이고 몸 앞쪽으로 들어 올려서 기도하는 것처럼 보이는 자세다. 맥락에 따라 와이를 조용하게 할 수도 있고, 아니면 안부의 말이나 감사 인사를 함께 곁들일 수도 있다. 손을 올리는 높이는 인사를 하는 상대방의 지위에 따라 달라진다. 예를 들어 어린아이의 와이에 답하는 어른은 손을 매우 낮게 올린다. 그러나 아이는 고개를 살짝

들면서 손을 얼굴 앞까지 올려야 한다. 다양한 상황에서 어떻게 와이를 하는지 배우기 위해서는 시간이 걸린다. 그리고 가장 안전한 전략은 상대방이 나이가 훨씬 어린 사람이 아닌 이상, 단순히 상대가 와이를 한 형태대로 똑같이 답하는 것이다. 태국인들은 분명 와이를 하려고 노력하는 외국인들에게 고마움을 느끼겠지만 미묘한 차이나 완벽함까지 바라지는 않을 것이다. 그러나 이 인사를 과하게 사용하지는 말자. 만났을 때 한 번, 그리고 헤어질 때 한 번이면 족하다. 그 외에는 누군가가 호의를 베풀어주거나 도와줄 때 와이를 하는 것이 적절하다. 와이를 하면서 고맙다고 말하면 된다. 화자가 남자일 경우에는 '컵 쿤캅kop koon kup', 여자일 경우에는 '컵 쿤카kop koon ka'라고 발음한다.

머리를 신성시하게 된 이유에 관해서는 여러 가지 주장이 있는데, 일부 주장은 불교가 탄생하기 이전에 콴kwan과 연관된 옛 신념들을 바탕으로 한다. 콴이란 사람마다 지닌 영혼 같은 구성 요소들로, 그 수는 총 32개다. 예전에는 콴이 몸을 떠나 길을 잃었을 때 질환과 질병이 생기며, 콴을 회복하기 위해서는 특별한 의식이 필요하다고 보았다. 머리는 대부분의 콴들이 자리하는 곳일 뿐 아니라 모든 콴은 정수리를 통해 몸에 들어

오고 나간다. 이제 많은 태국인들이 이런 생각을 예스럽다고 생각하지만, 정수리를 만지는 것과 관련한 금기는 여전히 살아 있다. 서로 아주 가까운 사람들만이 이 금기를 무시한다.

관습에 따르면 왼손으로 물건을 주거나 받을 수 없게 되어 있다. 이는 태국에서 왼손을 화장실 사용 후 뒤처리하는 데 쓰는 전통에서 비롯됐다. 그러나 왼손잡이라 해서 걱정할 필요는 없다. 대부분의 상호작용에서, 특히 전혀 다른 화장실 습관을 지닌 것으로 알려진 외국인과의 관계에서 태국인들은 상대방이 왼손으로 물건을 건네더라도 거의 불쾌해하지 않을 것이다. 태국에서 서양식 배수관과 화장실 설계를 도입하는 경우가 점차 늘면서 이러한 관습은 사라질 가능성이 높다.

재미, 미소, 그리고 관용

태국은 재미(사눅sanuk)를 즐기는 데에 큰 가치를 두는데, 보통 사눅에는 많은 사람들과 시끄러운 음악이 딸려온다. 당일 여행, 휴일, 가옥 축복식, 사원축제, 그리고 가끔은 장례식까지 모두 대체로 시끄러운 음향 장치를 갖춘 가라오케와 풍성한 음식과 음료, 그리고 가능한 한 많은 수의 손님을 수반한다. 이러한 집단적이고 방대한 발산은 태국의 사교활동에서 중요한 부분이다. 그러나 태국인들은 거듭 사눅만 누리다가는 다른 활동에 태만해질 것이라는 미신을 믿는다. 많은 태국인 가이드들이 즐겨 언급하듯, 노동을 뜻하는 태국어는 모임을 뜻하는 태국어와 같다. 같은 단어이긴 하지만 실제로는 모든 단체 활동이나 행사를 가리키는 말로, 결코 그 자리가 즐거움만 보장하지 않을 것임을 암시한다. 그런데도 국민 대다수는 근무시간이 길고 힘겹기 때문에 어느 정도 여가 시간을 자유롭게 보내고 싶어 한다.

누군가는 실망하겠지만 이 사실을 꼭 알려야겠다. '미소의 나라'라는 태국의 국제적인 별명은 그저 태국의 천재적인 접대 능력을 알리고 '동양의 신비'라는 인상을 불러일으키고 싶어서 관광업계가 만들어낸 성공적인 마케팅 전략에 지나지 않는다. 실제로 태국인들은 다른 나라 사람들보다 미소를 쉽게 잘 짓는 것도 아니며, 그 미소 짓는 행위가 여기에서 독특한 기능이나 암호 같은 의미를 지닌 것도 아니다. 다만 어색한 기분이 들 때 미소를 지을 수는 있겠다. 그러나 접대에 신경 쓰고 관심을 기울이는 것은 분명 태국의 특징이고, 태국은 세계에서 가장 많은 찬사를 받는 호텔과 리조트를 자랑한다.

태국인들은 가끔 어느 의미에서 보더라도 놀라울 정도로 관대하다. 태국인들은 필요할 때 도움을 주기 위해 무리할 정도로 노력하고, 훌륭한 집주인으로서 친구들을 초대했을 때 가능한 한 비용을 아끼지 않는다. 잘 절제해서 저축하는 행위는 그다지 인기가 없고, 누군가가 월급을 받거나 재산을 물려받았을 때도 만약의 경우를 위해 잘 모아두기보다 쓸 수 있는 대로 써버리는 경향이 있다.

섹스에 대한 태도

오늘날 태국인들은 섹스에 꽤나 진보적인 태도를 갖췄다. 비록 여전히 많은 남자들이 유리한 위치에 서 있는데도 그렇다. 엘리트 계급들의 일상화된 일부다처제는 20세기까지 끈질기게 살아남았고 아직도 수면 아래로는 존재한다. 권력을 가진 남자들이 여자 친구와 첩에게 아파트와 작은 집을 마련해주는 것이 여전히 관례다. 심지어 교외 지역에는 러브호텔들이 흔하게 나타나는데, 러브호텔은 시간당 투숙비를 받으며 손님들이 조심스럽게 드나들 수 있도록 타고 온 자가용 위로 커튼이 쳐진다. 모든 상상할 수 있는 형태의 매춘이 곳곳에 존재하지만 시장의 아주 일부만이 여행자들을 위한 것이다. 앞서 얘기했듯, 성은 도처에 존재하는데도 여전히 공개적으로는 금기시되는 주제다.

사적으로 커플이 섹스를 하는 것은 그들만의 일로 간주되며, 오늘날 태국의 부모들은 10대 후반의 자녀들이 가볍게 남자친구나 여자친구를 사귀는 것을 한 세대 전보다 훨씬 더 너그럽게 받아들인다. 다시 한번 말하지만, 조심스럽게 비공개로 벌어지는 일들과 그 어떤 공개적인 수치심도 유발하지 않는 일은 일반적으로 그 누구도 걱정할 필요 없는 것으로 받아들인다.

그러나 섹스에 대한 대중들의 태도는, 특히 중산층에서는 점잖은 정도가 거의 빅토리아 시대에 맞먹을 정도다. 태국 TV 드라마를 보면 잘 알 수 있다. 농촌 지역의 태도 역시 마찬가지로 보수적이지만, 지방의 대중문화에도 외설적인 전통이 존재한다. 이는 정기적으로 열리는 장터에서부터 사원 벽화에 이르기까지 여러 곳에서 찾아볼 수 있다.

외국인에 대한 태도

대체로 태국 사람들은 초인적일 정도로 외국인들에게 관대하다. 태국인들은 코카시아계 서양인들을 파랑^{farang}이라고 부르며 이 광범위한 인종적 범주 안에서 존재하는 문화적 차이에는 무감각하다. 대중문화에서 파랑은 '시암인 양'을 위협하는 '제국주의 늑대'로 묘사되거나, 아니면 그와는 반대로 훌륭한 매너를 갖춘 투자자이자 후원자, 물질적 번영의 전달자로 묘사되기도 한다. 참고할 만한 과거의 역사가 존재하는데도 태국인들은 그 어떤 적대감이나 원망을 품거나 부추기지 않는다. 30년 혹은 그 이상의 세월 동안 파랑은 태국에서 여행자로서 끊임없고 다양하며 광범위하게 존재해왔고, 관광명소가 있는 지역에서는 특별히 관심을 끌지는 않을 것이다. 그러나 도시에서 떨어진 지역에서는 조금 더 관심의 대상이 될 수도 있다. 사람들은 파랑을 보고 미소를 지으며, 용감한 이들은 가까이 다가와서 몇 마디 알고 있는 영어를 시험해보려 할 것이다. 이런 만남에서는 대단히 개인적인 질문을 받더라도 언짢아하지 말자. 그냥 대답하고 싶은 대로 대답해도 괜찮다.

　외국인들은 야한 옷차림을 하거나(일반적으로 어깨와 무릎을 확실히 가려야 한다는 의미다), 태국식 매너를 지키지 않거나, 태국 문화와 풍습을 존중하지 않아서 태국인들의 기분을 상하게 할 수 있다. 또는 외국인이 최선을 다한다 해도 어떤 태국인들은 매일 난폭한 여행자들을 상대하느라 다른 이들보다 더 퉁명스럽게 굴 수도 있다. 정당하든 아니든 간에 배낭여행자들과 주머니가 가벼운 젊은 여행자들은 비위생적이고 인색하다는 인식이 있으며, 더위 때문에 땀을 뻘뻘 흘려도 괜찮지만 자주 몸을 씻거나 깔끔하게 차려입지 않는다면 사람들이 빠르게 멀어질 것이다(처음 태국을 방문하는 여행자들이 열과 습기 때문에 하루에도 몇 번씩 샤워할 필요성을 느끼는 일은 매우 흔하다). 깔끔하고, 수수하고, 친근하며, 존중하는 모습을 갖추는 일은 태국에서 긍정적인 상호작용을 보장받는 데 큰 도움이 될 것이다.

오늘날 태국과 외국인 사이의 결혼, 연애, 그리고 우정은 모두 허용되지만, 여전히 나이 많은 외국인 남성과 눈에 띄게 젊은 태국 여성 간의 관계에는 낙인이 찍힌다. 그러나 대체로는 커플이 어디서 어떻게 만났는지에 관한 가십을 만들어내는 정도다.

최근 들어 파랑은 태국에 도착하는 어마어마한 숫자의 중국인 관광객들에게 밀려나기 시작했다. 중국의 존재감과 영향력이 동남아시아 전체에서 계속 커지면서 적어도 서양인에 대한 태도를 어떻게 바꿔놓는지 살펴보는 것도 흥미로울 것이다.

흑인과 아시아인 여행자들은 태국에서 전혀 편견을 느끼지 않겠지만, 태국인들은 서구국가에서 인종적 정체성을 둘러싸고 생기는 사회적 쟁점을 거의 의식하지 않는다. 예를 들어 대충 만들어진 인종에 대한 고정관념이 대중문화에서 자주 소비된다.

다른 국가들과 마찬가지로 코로나19 팬데믹으로 인해 태국인들도 한동안 외국인들을 경계하게 됐으며, 여행자들은 방문 시점에 국가적으로 시행되는 건강과 안전 원칙이 무엇이든, 그 원칙이 제아무리 피상적이고 비효율적으로 보인다 하더라도 주의를 기울여 존중하고 따라야 한다. 그 원칙들은 지역마다 가끔 달라지기도 한다.

변화의 시기

태국에서는 순응해야 한다는 압박이 상당하며, 일반적으로 교육체계는 비판적인 사고를 장려하지 않는다. 그런데도 태국인의 가치관과 사고방식은 빠르게 변화하고 있으며, 더 젊고 진보적인 태국인들이 영향력 있는 위치에 오르게 되면서 정실인사와 부패 같은 태국 정치와 사회의 퇴보적인 성향을 타파해주리라는 희망이 생겼다.

태국이 다시 한번 좀 더 국제적이고 개인 지향적인 경제로 변화하게 되면서 전통적인 가족과 공동체 구조는 점차 사그라지고 있다. 이 과정은 태국이 여행자들에게 그토록 매력적인 이유 중 일부가 된다. 태국인들은 전통에 대한 깊은 존경심을 유지하면서도 개방적이고, 유연하며, 실용적이기 때문이다. 이런 모습은 자주 인용되는 태국의 또 다른 국가적 특성에서도 드러난다. 즉, 태국이 지닌 가장 훌륭한 부분을 유지하면서도 외국 문화에서 유리한 측면을 고르고 선택하는 능력 말이다.

03

풍습과 전통

불교는 태국의 문화와 정체성에서 중심이 되고 대다수 태국의 예술과 건축에 영감을 안겨주며 세계관을 형성한다. 태국은 스스로 소승불교의 중심이라 자부한다. 소승불교는 불교의 보수적인 형태로, 고대 팔리어로 된 불교 경전을 우선시한다. 그러나 이 사실을 알고 처음 태국을 방문하는 여행자는 태국의 종교적 행위가 그다지 보수적이지 않거나 심지어는 그다지 불교답지 않다는 점을 보고 놀랄 수도 있다.

태국의 종교는 서양에서의 종교보다 훨씬 유연하고 가변적이다. 그래서 꽤나 정확하게 현대 태국 사회의 변화하는 가치와 우려에 맞춰 움직이고 이를 반영할 수 있는 것이다. 앞서 살펴보았듯 불교는 태국의 문화와 정체성에서 중심이 되고 대다수 태국의 예술과 건축에 영감을 안겨주며 세계관을 형성한다. 태국은 스스로 소승불교의 중심이라 자부한다. 소승불교는 불교의 보수적인 형태로, 고대 팔리어로 된 불교 경전을 우선시한다. 그러나 이 사실을 알고 처음 태국을 방문하는 여행자는 태국의 종교적 행위가 그다지 보수적이지 않거나 심지어는 그다지 불교답지 않다는 점을 보고 놀랄 수도 있다. 오늘날 행해지는 태국 불교는 사실 여러 다른 전통들이 혼합된 결과물이기 때문이다. 브라만교, 영혼 숭배, 왕당주의, 민속, 그리고 도술 등이 여기에 속하며, 가장 중요한 불교의 틀 안에서 모두 잘 혼합되었다. 태국 종교의 다채롭고 보편적인 세계 안에서 무엇이 중요한지를 기본적으로 이해한다면 태국의 세계관에 대한 가치 있는 통찰력을 가질 수 있을 것이다.

불교

불교란 무엇인가? 전설에 따르면 부처 혹은 '깨달은 자'는 고 타마 싯다르타(기원전 563~기원전 483년)라는 이름의 인도 왕자로, 인도와 네팔의 국경 지역에 살았다. 은둔자가 되기 위해 자신 의 지위가 주는 특권들을 포기한 후 부처는 주변에서 목격한 고통을 두고 명상하기 시작했고, 그 근본적인 원인을 깨달으 려 애썼다. 결국 그는 보리수 밑에서 깨달음의 상태(니르바나)에

치앙마이 왓 우몽에 있는 불상

도달했고, 그렇게 함으로써 윤회와 모든 중생이 겪는 큰 고통에서 벗어날 수 있었다. 남은 평생 부처는 도보로 여 행하며 자신의 교리를 퍼트렸 는데, 이를 다르마 또는 태국 어로 '타마'라고 부른다.

불교적 사고는 모든 생명 이 죽은 뒤에 업보의 평가를 반영해 다양한 모습으로 다

• 불교 평신도를 위한 다섯 가지 계율 •

- 생명을 빼앗는 일을 삼가라
- 주지 않은 것을 훔치지 말라
- 부정한 음행을 하지 말라
- 거짓말을 하지 말라
- 마음을 흐릴 정도로 취하지 말라

시 태어난다고 인정한다. 카르마는 모든 행동에는 대가와 도덕적 가치가 있다는 개념으로, 카르마는 축적되다가 중생의 체계 어딘가에서 좋든 싫든 다시 태어나는 결과를 낳는다. 태국에서 수행하는 소승불교에 따르면 높은 지위의 인간은 이 체계의 꼭대기에 있지만 가장 낮고 천박한 동물들은 바닥에 있다. 불교의 궁극적인 목표는 윤회에서 벗어나 깨달음을 얻는 것이다. 실제로는 대부분의 사람들이 그저 좋은 곳에서 다시 태어날 가능성을 높이기 위해 가능한 한 좋은 카르마를 많이 쌓으려고 노력한다. 그러기 위해서는 불교의 계율을 따르면서, 다양한 형태의 기부를 통해 승가(상가)를 후원함으로써 적극적으로 공덕을 쌓는다. 또한 방생과 같은 다른 의식들로도 덕을 쌓을 수 있다고 믿는다.

태국 북부 치앙마이의 왓 프라싱

술을 마시지 말라는 등의 일부 계율은 아마도 지키는 것보다는 깨트리는 것이 더 명예로울 수도 있겠으나, 정해진 기간에는 한두 가지 계율을 엄수하기로 약속하는 일은 그렇게 드물지 않다.

통찰 명상(위파사나)은 대중적인 수행에서 점차 아주 흔해지고 있으며, 사회 각계각층에서 온 사람들에게 이 계율을 가르치는 사원과 평신도단체도 많다. 수행에 정진하고 숲속 사원에서 장기간 피정하고 싶은 외국인들을 위해 구성된 영어 과정을 제공하는 경우도 여럿 존재한다. 일부 태국인들은 명상을 승려의 영역이라 보고 그 대신 정기적으로 기부하는 것에 주력하기도 한다.

윤리적이고 영적인 본보기가 되는 것과는 별도로, 제도적인 불교는 최근 들어 영향력이 약해지긴 했으나 더 넓은 사회적 역할을 맡고 있다. 태국 전체의 촌락과 마을에는 사원이 지역사회센터와 비슷한 기능을 유지하면서 축제와 박람회, 마을 의식 등을 주관하고 복지를 위한 공동체의 노력에 구심점을 제공한다. 한때 사원은 남자아이들만 갈 수 있긴 했으나 학교 교육을 제공하는 조직이었고, 종교적인 동시에 세속적인 곳이었다. 일부 지역에서는 여전히 그렇다.

또 다른 불교의 영향은 서양에서 사용하는 그레고리안 달력과 함께 불교 달력을 사용하는 것이다. 불교 달력은 그레고리안 달력보다 543년 앞서 있어서, 2000년은 불력으로 2543년이며, 0년은 부처가 열반에 든 해를 가리킨다.

【 사원의 전통 】

상가는 부처의 가르침을 지키기 위해 존재하며, 평신도들에게 '복전福田(복을 거두는 밭이라는 의미로)'의 역할을 한다. 태국에서는 여전히 모든 남성이 적어도 한 번의 바사(불교식 사순절)를 위해 승려로 출가하는 것이 관습이다. 바사는 우기 동안 3달간의 피정으로 구성된다. 그러나 많은 이들이 훨씬 더 짧은 기간 동안 출가를 하는 대신 평생에 걸쳐 여러 번 반복해서 출가한다. 승려들은 사프란 승복을 차려입고 출가하는 동안에는 개인 소유물을 포기한다. 새벽 4시에 기상해서 예불을 하고 한 시간 후에는 탁발을 위해 떠난다. 태국 전체에서 흔히 볼 수 있는 이 광경은 새벽 7시 정도까지 이어진다. 승려들은 정오 이후에는 단 음료는 마실 수 있으나 음식을 섭취할 수 없도록 되어 있다. 상가는 평신도 공동체를 기반으로 하기 때문에, 공양은 평신도들이 공덕을 쌓을 수 있는 가장 중요하고 흔한 방식 가운데 하나다. 승복부터 승려들이 사는 암자의 벽돌까지 승려가 사용하는 모든 물건은 기부를 받는다.

여성들은 승려로 출가하도록 허락받지 못하지만, 매치^{mâe chi}로 출가할 수 있다. 이 여성 수도자는 삭발한 머리와 흰색 승복으로 알아볼 수 있다. 매치들은 국가가 남성 승려들에게 제공하는 면세나 지원의 대상은 아니며, 훨씬 더 낮은 지위를 가진다.

태국의 상가에는 다양한 태도와 전통이 존재한다. 일부 승려는 성인에 비할만한 지위를 성취하고 어마어마한 규모의 열

공덕 쌓기: 마을 사람들은 매일 탁발하러 다니는 승려들에게 음식을 바친다.

성 신도들을 모은다. 어떤 승려들은 거의 사업에 가깝게 사원을 운영하면서 부적과 작은 조각상, 그리고 기타 주술품 등을 판매하기도 한다. 될 수 있는 한 평신도들을 피해 머나먼 숲속 사원에 살거나 전국을 방랑하며 묵상하는 삶을 사는 승려들도 여전히 존재한다.

승려들은 공동체마다 존재하는 사원(왓) wat에 거주하며, 이 사원은 열대의 태양 아래서 빛나는 반들반들한 타일과 우아한 꼭대기 장식 등으로 꾸며진 여러 층의 지붕과 함께 매우 독특한 건축양식을 보여준다. 사원마다 그 주제는 대단히 다르지만 모두가 다음과 같은 기본적인 특징들은 갖추고 있다.

- **대웅전**(봇/우보숏): 사원에서 가장 중요한 곳. 수계식을 위해 사용되는 상대적으로 작은 건축물로, 여덟 개의 시마 또는 지계석으로 둘러싸여 있다.
- **불당**(위한): 보통은 단지 내에서 가장 큰 건축물로 중앙에 불상이 자리하고 있으며, 법문과 독경, 그 외의 기타 행사 등을 진행하는 데에 사용된다. 태국 여행자들은 보통 절을 하고 부처에게 축복을 빌기 위해 이곳으로 먼저 향한다.
- **사리탑**(체디): 부처, 혹은 좀 더 흔하게는 지역 성인의 성유물을 품고 있는 원뿔형 건축물
- **보리수**(똔포): 하트모양 잎을 가진 보리수 아래서 부처는 깨달음을 얻었다. 사람들은 공덕을 쌓기 위해 나무를 지탱하는 막대기를 기부한다.
- **정자**(살라): 의식을 진행하는 데에 쓰이는 벽 없는 건축물
- **도서관**(호뜨라이): 야자수 잎에 쓴 경전을 벌레로부터 보호하기 위해 보통은 연못이나 해자 위에 기둥으로 세운 작은 공간들이다.

많은 사원들이 부처 외에도 다양한 영혼과 신을 모시는 사당을 보유한다(영혼 숭배에 관해서는 다음을 참고하자). 좀 더 드물게는 박물관을 갖춘 사원도 있다. 이런 박물관은 가끔 지역의 성인을 위해 세워지지만, 그 외에 진귀한 물건과 골동품을 전시하는 경우가 많다. 태국 불교는 기부를 중시하기 때문에 사원들은 보통 온갖 종류의 예술품들이 마지막으로 안착하는 곳이 되기도 한다.

브라만교

불교 외에도 태국의 전통은 인도 고급문화의 다양한 요소들을 흡수했다. 예를 들어 브라만 계급은 아유타야 시기 이전부터 태국 왕실에서 의례적인 역할을 맡아왔으며, 그 역할은 최근 라마 9세의 재임기(1946~2016년) 동안 확장되기까지 했다.

게다가 인도 문학의 현지화된 형태는 태국 왕실 전통에서 중요한 요소가 됐다. 특히 인도의 대서사시 「라마야나(라마끼안)」가 더욱 그렇다. 짜끄리 왕조의 왕들은 '라마'라고 불리며, 태국에서 가장 중요한 불상인 에메랄드 불상은 산스크리트 서

방콕 중심 프라투남에 있는 브라만 에라완 사원의 무용수들

사시의 장면들을 묘사한 벽화들로 둘러싸인 공간에 자리하고 있다.

의학이나 치료 마사지 같은 태국의 다른 다양한 전통 지식 역시 인도에서 유래됐다. 예를 들어 방콕의 왓포에는 마사지학교가 있어서 전통 의학을 가르친다. 거대한 와불상뿐 아니라 여러 점의 교육적인 벽화를 전시하고 있다.

또한 가끔은 태국 전역의 사당에서 힌두 만신전의 여러 신들을 볼 수 있다. 가장 흔히 볼 수 있는 신은 인드라, 브라마, 가네슈, 시바, 그리고 비슈누다. 인도식 은둔자 혹은 동물의 가죽을 뒤집어쓴 숲속의 고행자 역시 태국의 신화와 종교적 전통에 등장하며 이들의 사당은 특히 북부에서 동굴과 산에서 발견된다. 태국인들은 힌두신을 불교 세계관의 일부로 보며, 대부분은 힌두신을 섬기거나 존경을 나타내도 아무런 모순이 없다고 생각한다.

만신전

영혼 숭배는 동남아시아에 인도 문화가 상륙하기 이전부터 시작됐다. 유럽에서 기독교가 전파되던 것과는 달리 태국에서 불교의 창설은 토착 종교의 억압으로 이어지지 않았다. 그보다 이러한 관례는 불교의 체계 안에 흡수됐다. 영혼 숭배의 지위에 대한 여론은 다양하지만, 태국의 종교적 전통에서 영혼 숭배는 어디에나 존재하고 본질적인 부분이다.

【영혼의 집】

태국에는 다양한 형태의 영이 존재하며, 다른 것들과 마찬가지로 영도 계급별로 정렬된다. 모든 집과 건물, 또는 공사장에는 그 안이나 근처에 영혼의 집이 있어서, 땅의 영들이 살던

가정용 영혼 사당의 예

곳에서 옮겨지는 것을 이해해주도록 달래는 역할을 한다. 이 영혼의 집들은 수수할 수도 있고 극도로 호화로울 수도 있는데, 보통은 건물과 그 소유자의 지위를 반영한다. 영혼의 집에는 지위를 의식하는 영들을 머물게 하고 이 영들이 불운을 불러오지 않도록 설득하기 위해 정기적으로 공물을 바친다. 농촌 마을에는 이와 비슷하게 누군가가 결혼하거나 이사를 할 때 조상의 영을 달래기 위해 더 커다란 크기의 사당들이 있다. 이러한 유형의 영은 상대적으로 낮은 계급이며, 따라서 조각상으로 형상화되지는 않는다.

【중국신】

여러 중국의 종교적 활동이 방콕과 다른 지역에서는 관례가 되었는데, 무엇보다도 도심지에 세워진 중국식 영혼 사당들이 가장 두드러진다. 이 사당들은 타일로 만든 지붕과 빨간색 페인트로 구분된다. 중국의 여신인 관음보살이 태국에서 가장 인기가 높으며, 그 사당과 조각상은 숫자와 크기 면에서 계속 늘어나고 있다.

깐짜나부리의 천 개의 손이 있는 관음보살 목상

【왕의 영혼】

역사상 오늘날의 태국 영토와 관련 있는 모든 왕조의 왕족들은 강력하고 높은 지위의 수호신으로 추앙받는다. 이를 위해 왕족을 묘사하는 명목상 비종교적인 국가기념물, 그리고 훨씬 덜 형식적인 조각상과 사당이 전국 곳곳에 세워졌다. 다양한 왕족의 영혼의 인기는 유행에 따라 달라지는데, 가끔은 부유한 유명 후견인이 보여주는 사례를 따르기도 한다. 전국적으로는 라마 5세, 나레수안 왕, 그리고 탁신 왕의 조각상을 많이 볼 수 있는데, 이 왕들에 대한 숭배가 특히 널리 퍼져 있다.

왕족의 영혼을 숭배하는 일은 그 자체로 하위종교로 인정받는다. 이는 보수적인 민족주의와 불교와 겹치며, 국내 관광업에서 주요 요소다. 왕의 사당이나 조각상의 인근에서는 존경심을 가지고 행동하도록 주의하자.

【 축원과 사회 】

영혼 숭배란 무엇인가? 영혼에게 기원하는 데는 일반적으로 두 가지 이유가 있다. 첫째는 인정과 존경을 받고 싶은 영혼의 욕구를 충족시켜서, 이들의 분노가 가져올 수도 있는 불운을 피하려는 것이다. 두 번째로는 영혼이 물질세계에 개입해서 필요한 사람에게 도움이나 축복을 줄 수 있게 부탁하는 것이다. 축원에는 조각상이나 사당 앞에서 절을 하면서, 부탁을 하기 전에 꽃이나 향을 첫 공물로 바치는 행위가 들어간다. 그 후 축원하는 자는 요청한 바가 이뤄졌을 경우 더 큰 감사의 공물을 가지고 돌아오겠다고 약속한다. 축원의 내용으로는 보통 승진, 시험, 새로운 사업의 성공, 건강 문제 등이 있다. 누군가는 로또 당첨 번호를 부탁하고, 또 누군가는 전반적인 축복을 부탁한다.

영혼의 축원은 태국인들이 상호호혜적인 관계가 특징인 사회에서 종종 어떻게 행동하는지와 부합한다(27페이지 참고). 이러한 환경 속에서 어마어마하고 과시적인 수준의 존경과 선물은 앞으로 받게 될 호의에 대한 대가로 전달되는데, 이는 태국인들이 모든 사적이거나 공적인 상황, 특히 대가를 받고 일의 진척을 도모할 수 있는 자리의 권력자가 있는 상황에서 어떻게 행동해야 하는지와 일치한다.

왕실

【 태국의 시민 종교 】

태국의 왕실은 전 세계 다른 왕실들과는 사뭇 달라서 단순히 오랫동안 이어져 온 의례적인 제도보다 훨씬 더 큰 의미가 있다. 왕실은 언제나 태국과 시암의 정치와 사회의 중심에 있어 왔고, 오늘날의 군주제와 그 지위는 현 국왕의 아버지인 라마 9세의 재임

라마 9세로 불리는 푸미폰 아둔야뎃 왕의 초상

초기에 기반을 닦았다. 독실한 불교 신도이자 공학을 전공한 박식가인 라마 9세는 여러 왕립재단을 세우고 다양한 프로젝트에 착수했으며, 농촌개발을 감독하기 위해 자주 지방을 순방했다. 왕권 고유의 신성함과 함께 라마 9세가 베푸는 은혜는 미디어의 주도하에 아주 성공적인 개인 숭배의 바탕이 되었다. 그 결과 1960년대 이후 왕실의 존재감과 위신은 빠르게 커졌고, 그 기능과 의무도 함께 늘어났다. 태국 사회에서 군주제는 태국군과 미국인들의 지지 하에 부활했다. 당시 미국은 동남아시아가 공산주의에 저항하는 자신들의 투쟁이 벌어지는 중요한 무대라고 보았다. 라마 9세의 미덕은 재임 후기에 접어들면서 그 누구와도 비교 불가할 정도로 추앙받게 되었고, 군주제는 태국의 공공 생활과 문화생활 전면에 파고들었다. 정부에서는 아무런 공식적인 역할도 맡고 있지 않지만 국왕은 안정과 미덕, 전통의 상징이 되었고, 군주제는 불안정한 정부와 냉전의 불확실성이라는 배경 속에서 신뢰할 수 있는 제도가 되었다.

오늘날 국왕의 초상은 거의 모든 가정과 회사, 사무실을 장식하며 왕실 깃발은 자주 국기 옆에서 함께 휘날린다. 태국 국가와는 다른 왕실가는 모든 영화가 상영하기 전과 운동경기가 시작하기 전에 연주되고, 연주되는 동안에 모든 참가자는 자리에서 일어나야 한다. 왕가의 소식은 매일 저녁 8시쯤 모든 채널에서 방송되고, 국왕의 생일 축하 행사와 공식적인 의식들은 모든 채널에서 실시간으로 중계된다. 모든 태국 대학교 졸업생은 국왕 또는 다른 왕가 구성원으로부터 졸업장을 받는다.

역사적으로 왕실 숭배는 라마 9세의 재임 초기 이후 현 군주제의 특권과 밀접한 연관을 맺고 강화되었다. 라마 9세는 살아 있는 부처로 추앙받든, 아니면 왕실의 성인이나 환생한 힌두신으로 여겨지든, 혹은 단순히 최고의 미덕을 지닌 인간으로 여겨지든 여전히 숭배를 받는다. 라마 9세의 작은 조각상이나 초상화가 개인 사원에서 부처와 다른 신들 곁에 놓여 있는 모습을 종종 볼 수 있다.

【 정치, 여론, 그리고 불경죄 】

상황이 겉으로 어떻게 보이든 간에 세기가 바뀌면서 왕실은 점차 논란의 대상이 되어가고 있다. 이는 2006년 탁신 친나왓 전 총리의 축출을 둘러싼 사건들에서 왕실이 맡은 역할에 대한 인식과 그 이후 오늘날까지 계속되는 정치투쟁에서의 후속적인 협력과 관련이 있다.

태국은 세계에서 가장 엄격한 불경죄가 존재하는 국가 중 하나로, 왕실에 대한 공개적인 비난을 금지하고 이를 어긴 자는 고소 건당 3년에서 15년까지의 징역형을 받게 된다. 외국인의 경우 결국 왕실의 사면을 받겠으나 일정 기간을 교도소에서 보내야 한다. 실수를 저지르지 말자. 가볍거나 의도치 않은 모욕의 몸짓조차 아주 심각한 상황을 초래할 수 있다. 온라인으로도 마찬가지다. 누구든 불경죄를 고발할 수 있고, 그러면 경찰이 고발 건마다 조사할 의무가 있다.

많은 태국인이 왕실을 사랑하고 추앙하며, 여행자들도 똑같이 행동하는 모습을 보며 기뻐하고 자랑스러워한다. 누군가와 가벼운 언급을 넘어서 왕실을 주제로 토론하기 전에 그에 딸려오는 위험과 민감함을 떠올리도록 하자. 자신이 무슨 행동을 하고 누구와 대화를 나누는 것인지 확실히 알기 전에는 아마도 그 주제를 피하는 것이 최선일 것이다.

【 새로운 재위 】

라마 9세는 2016년 병원에서 장기입원을 한 끝에 서거했고, 그 후 태국은 1년 정도 계속되는 공식적인 애도 기간을 가졌다. 뒤이어 태국인들은 거의 누구도 본 적 없는 화려한 두 번의 왕실 행사, 즉 국왕의 장례식과 대관식을 지켜볼 수 있었다. 대관식은 2019년 5월 열렸고, 태국 76개 주에 있는 107곳의 성지에서 가져온 성수를 국왕에게 붓는 호화로운 의식도 함께 진행됐다.

라마 10세가 2019년 대관식에서 금 가마를 타고 있다.

라마 10세는 아버지와는 전혀 다른 상황에서 왕위에 올랐다. 그의 왕위승계는 원만히 흘러갔고, 라마 10세는 교육과 의료, 그리고 농업개발 분야의 다양한 프로젝트에서 왕실 후원을 담당했다. 또한 찟 아사[jit asa], 즉 일종의 왕당파 자원봉사단체의 창설을 관장하기도 했다. 태국의 왕실은 국제적인 언론에서는 그 어느 때보다 더 자주 논의의 대상이 되고 있는데도 태국 문화에서의 중심적인 역할을 좀처럼 잃을 기미가 보이지 않는다.

종교적 예절

종교나 왕실에 관련한 장소들은 거의 어디든 여행자들도 방문할 수 있다. 여행자들은 이 장소에서 신발을 벗고 정중하게 옷을 입어야 하는데, 앞서 언급했던 것처럼 조끼를 입어서는 안 되며 적어도 무릎 위로는 옷으로 가려야 한다는 의미다. 규모가 큰 사원에서는 종종 입구에서 사롱을 빌려주기도 한다. 대부분의 사원들은 엄청나게 시끄럽고 활기 넘치는 부산한 장소들로, 아마도 의식이 치러지는 도중에도 전혀 정숙하지 않다는 점에 놀랄 수도 있다. 사원을 방문할 때 물을 마시고 간식을 먹는 것은 괜찮지만 담배를 피우고 술을 마시는 것은 엄격하게 금지되어 있다. 반면에 왕궁들은 극도로 엄숙해서, 가끔은 장소마다 설명되어 있는 추가적인 예절이 존재하기도 한다. 사원에서 사진을 찍는 일은 보통 괜찮지만 왕궁에서는 금지되어 있을 경우가 많다. 잘 모르겠으면 물어보도록 하자.

승려들은 여성을 만질 수 없으므로 너무 가까이 다가가거나 실수로라도 스치지 않게 주의를 기울여야만 한다. 대중교통에서는 자리에 앉을 우선권이 있으므로, 필요한 경우 승려들에게 자리를 내어주기 위해 일어나야 할 것이다. 승려들은 보통 아주 친근하며, 특히 영어를 할 줄 아는 승려들은 기꺼이 여행자들과 대화를 나눌 것이다. 여행자들은 태국인처럼 행동할 것이라는 기대를 받지는 않겠으나, 가능한 한 예의를 갖추려고 노력해야 하며, 앉아 있는 경우 승려들보다 머리를 낮게 숙이도록 하자. 조각상, 사당, 그리고 모든 승려와 신, 국왕의 표현물에는 실제 인물과 같은 존경을 담아 대해야 한다. 사원에서 자리에 앉을 때는 두 발이 자신도 모르게 조각상이나 승려를 향해 놓이지 않게 조심하도록 하자.

여행자들이 많이 찾는 일부 큰 사원들은 외국인들에게 입장료를 받는다. 예를 들어 방콕 왕궁이나 치앙마이의 도이수텝 사원이 그렇다. 입장료는 대개 아주 낮다. 국립공원의 이중가격제도와는 다르게 태국인 불교 신도들이 사원에서 같거나 더 많은 공물을 바친다는 사실에서 얼추 균형이 맞는다.

축제

태국은 다채롭고 화려하며 가끔은 희한한 축제들로 이뤄진 풍성한 전통을 지녔다. 그중 몇몇은 태국을 처음 방문하는 사람이라면 놓쳐서는 안 될 축제들이다. 여러 축제가 종교적인 요소를 갖췄지만 기껏해야 느슨한 전람회장 같은 분위기에 다양한 재미를 기대하면 될 것이다. 다음은 알고 있으면 좋을 만한 몇몇 태국 축제들에 대한 설명이다.

【 송끄란 】

태국의 새해인 송끄란은 불상에 정화수를 뿌리는 등 대단치 않은 전통이었으나 오늘날에는 전국적으로 3일 동안 치러지는 물싸움으로 진화했다. 4월 13일부터 15일까지 태국인들은 보

물싸움이 취미에 맞지 않는다면 송끄란 시기에는 여행을 피하는 것이 좋겠다.

통 가족들과 이 축제를 같이하기 위해 고향으로 돌아가는데, 서구의 크리스마스에 견줄만한 위치다. 시끄러운 음악과 온갖 파티를 기대할 만하다. 특히 푹 젖어버리는 것을 기대해보자.

【 분방파이(로켓 축제) 】

로켓 축제는 라오스 전역과 태국 북동부에서 펼쳐지는 라오족의 전통이다. 이 화려한 기념행사는 3일간 계속되며 춤과 전통 음악, 가두행진이 어우러지다가 마침내 비가 내리기를 기원하며 집에서 만든 로켓을 하늘로 쏘는 시합이 펼쳐진다. 로켓은 커다랗고 정교하게 꾸며진 물건이지만, 부상을 입는 일도 자주 있다. 이때는 조심스럽고 약간은 거리를 유지하는 게 최선이다. 그 외에는 이 거칠고 비를 갈망하는 축제에서는 긴장을 풀고 있어도 괜찮다! 방파이 축제는 5월 초에 야소톤주에서 열린다.

【 타콘(유령축제) 】

현지 주민들이 높고 복잡한 무늬로 장식된 특별제작 마스크를 쓰는 활기 넘치는 축제다. 첫 이틀에는 게임을 하고 마스크 행진이 벌어지며, 세 번째 날에는 승려가 하는 설법을 듣기 위해

마스크를 쓴 공연자들이 북동부 로에이주의 타콘 유령축제에 참여하고 있다.

사람들이 모인다. 이 축제의 기원은 부처의 추종자들이 연 기념행사가 너무 시끄러워서 죽은 이들을 깨웠다는 자타카(석가모니가 수행자였던 전생의 일과 공덕을 기록한 경전의 이름이기도 하다—옮긴이)의 한 설화에 있다. 축제는 로에이주^{Loei} 단사이 지역에서 3월과 7월 사이에 열린다. 지역의 영매가 매년 축제가 열리는 구체적인 날짜를 정하므로, 정확한 날짜는 미리 확인해놓자.

【 푸켓 채식주의자 축제 】

이 축제에서는 불꽃놀이와 가두행진, 신내림 의식, 공물 바치기 등이 다채롭게 펼쳐지며, 무엇보다 눈에 띄는 것은 뜨거운 석탄 위나 못이 촘촘히 박힌 판을 걷고, 그리고 온갖 뾰족하고 뭉툭한 물건들이 뺨을 통과해 붙여놓으면서 통증을 면제받았음을 보여주는 참가자들의 모습이다. 축제의 일부로서 참가자들은 9일 동안 육류와 술, 특정한 음식, 그리고 섹스를 삼가야 한다. 축제는 보통 9월과 10월 사이에 푸켓섬에서 열린다.

【 원숭이 만찬 】

이 평범치 않은 축제는 롭부리 중부에 있는 크메르 사원의 폐허에서 열리는데, 이곳은 마카크 원숭이들이 차지한 곳이다. 이 사원 자체로도 방문할 가치가 충분히 있지만, 축제 기간에는 이따금 공격적으로 구는 원숭이들을 위해 조각낸 과일과 채소들로 차려낸 어마어마한 연회가 펼쳐지며, 그 결과는 사진작가들에게 기쁨을 안겨준다. 어떤 일이 벌어져도 당황하지 말자. 마카크 원숭이는 순식간에 가방을 열고, 모자와 안경을 빼앗아가며, 바지 주머니에서 물건을 빼낼 테니까.

【 러이 끄라통(등불 축제) 】

이 전국적인 축제는 정교하게 꽃과 바나나잎으로 만든 바구니

러이 끄라통 축제의 기념행사 가운데 하나로 승려들이 밤하늘에 풍등을 날리고 있다.

를 강과 호수, 운하에 띄우는 행사가 포함되어 있다. 이렇게 하는 이유는 물의 여신에게 감사하고 한 해 동안의 악행을 떠나보내기 위해서다. 가끔은 사람들이 이를 위해 동전과 머리카락, 심지어는 손톱을 바구니 안에 넣어두는 모습도 볼 수 있다. 대부분의 사람들은 그저 이 광경을 즐기기 위해 참석한다. 러이 끄라통은 음력 달력의 12번째 달에 이틀간 열리는데, 11월에 가장 많이 열리며 북부에서 경험해보는 것이 최고다. 북부에서는 밤하늘에 풍등도 함께 날려 보내기 때문이다.

【음력설】

음력설은 전국 곳곳에서 축하하지만, 아마도 방콕의 미로처럼 복잡한 차이나타운인 야오와랏에서 구경하는 것이 최고다. 용춤과 불꽃놀이, 대롱대롱 매달린 등, 그리고 수없이 많은 음식들을 기대해보자. 이 지역을 비롯해 방콕의 다른 동네에 사는 많은 태국인들이 중국인 조상을 가졌으며, 가족들이 한자리에 모여서 한 해의 상서로운 시작을 기념할 수 있는 행사라서 참석률이 높다. 이 음력축제는 1월 혹은 2월에 3일간 열린다.

행사 일정표	
1월 1일	새해. 태국인들은 서로 카드와 선물을 주고받는다.
1월 28일~30일	투루찐. 음력설
2월*	치앙마이 꽃 축제
4월 6일	짜끄리의 날. 현 왕실에 감사하고 존경을 표하는 날이다.
4월 13일~15일	송끄란. 태국설
5월*	권농일. 전통적인 벼 재배기의 시작을 알리는 날이다.
5월 1일	노동절
5월 5일	대관식. 1950년 푸미폰 왕의 즉위를 기념하는 날로, 공식기념일로 표시된다.
5월	분방파이. 로켓 축제
7월	카오판사. 불교식 사순절의 시작
8월 12일	왕비탄신일/어머니의 날
10월*	방 파이 파야 나크. 메콩 불덩어리 축제
10월 23일	쭐랄롱꼰의 날. 라마 5세 서거 기념일
10월*	톳 까띤. 불교 달력상 중요한 날로 평신도 공동체에서 승려에게 새 승려복을 바치는 날이다.
10월/11월	러이 끄라통. 등불 축제
10월/11월	푸켓 채식주의자 축제
12월 5일	라마 9세 탄신일/아버지의 날
12월 10일	제헌절

* 축제의 정확한 날짜는 음력에 따라 다르다.

04

친구 사귀기

태국에서는 가벼운 우정을 쌓기가 어렵지 않으며, 더군다나 친근하고 사교성 좋은 사람이라면 외국인이라는 신선한 매력 덕에 친교의 자리에 넘치도록 초대받게 될 것이다. 그러나 상호 신뢰와 믿음이 있어야 하고 기대와 의무가 함께 하는 진정한 우정의 경우 시간과 노력이 필요하다. 그래도 의미 있는 우정을 쌓을 수 있으며, 하룻밤 사이에 만들어질 수는 없겠지만 노력을 기울일 가치가 충분히 있다.

태국인들은 대개 따뜻하고 관대하며 사교적인 사람들이다. 태국 사람들은 기회가 있을 때마다 함께 모여서 커피나 음식, 또는 술을 마시러 간다. 태국에서는 가벼운 우정을 쌓기가 어렵지 않으며, 친근하고 사교성 좋은 사람이라면 외국인이라는 신선한 매력 덕에 친교의 자리에 넘치도록 초대받게 될 것이다. 그러나 상호 신뢰와 믿음이 있어야 하고 기대와 의무가 함께하는 진정한 우정의 경우 시간과 노력이 필요하다. 그래도 의미 있는 우정을 쌓을 수 있으며, 하룻밤 사이에 만들어질 수는 없겠지만 노력을 기울일 가치가 충분히 있다. 태국에서 그러한 우정은 큰 가치를 가지며, 태국 친구들은 배려 깊고, 재미를 즐기며, 관대하다는 것을 깨닫게 될 것이다.

우정과 격식

태국에서 가벼운 친분을 쌓는 일은 쉽지만, 사람들과 진정성 있고 오래 지속될 인연을 맺는 일은 좀 더 어려우며, 특히 단기방문객에게는 더욱 그렇다. 그런 이유 가운데 하나는 태국인들이 감정을 담아두고 사회적 조화를 유지하도록 배우며 컸기 때문이며, 어느 정도는 그렇기에 상냥하고 태평해 보일 수도 있다. 감정적으로 가까워지고, 말을 바꾸는 일 없이 솔직하게 대화를 나누기 위해 이런 겉껍질을 뚫고 들어가서 누군가를 알게 되는 일은 힘든 목표일 수도 있다. 따라서 우정을 나누고 사교적 모임에 들어가는 일은 사실상 '쉽게 얻고 쉽게 버리는 것'이 될 수밖에 없다.

대부분 태국인에게 오래 지속되는 사교모임은 학교에서 만난 친구들로 이뤄진다. 동일한 친구 모임이 서로의 가옥 축복식과 부모님 장례식에 나타나도 가끔은 짧은 휴가를 함께 보내기도 한다. 동창 모임과 소풍도 흔하다. 직장동료들과 어울리는 일도 흔한데, 이런 교제는 오래 가지 않을 수 있다. 인생 후반부에서 더 깊은 우정을 쌓는 일도 분명 일어날 수 있지만, 진정한 신뢰감과 두 친구 간의 지속적인 애착 관계를 만들어가는 일은 아마도 서양보다 흔치 않을 수 있다.

사회적으로 말을 삼가는 일은 동등하지 않은 지위를 가진 이들의 관계에서 좀 더 뚜렷하게 나타날 수 있다. 계급 탓이든, 나이 탓이든, 재력 탓이든 상관없다. 누군가를 잘 알게 되고 친구가 되고 싶은 의도를 가졌다면, 사회적 역학관계를 염두에 두고 그에 따라 기대 수준을 조절하는 것이 도움이 된다.

사람들이 기대만큼 사교적이지 않더라도 놀라거나 기분 상할 필요 없다.

태국에서 새로운 사람을 만나는 일은 실제로 매우 쉽다. 외국인들에게 태국어를 전혀 못하는 것은 능숙하게 구사하는 것만큼이나 큰 자산이 될 수 있다. 영어를 배우고 있거나 구사할 수 있는 태국인들은 처음엔 수줍어할 수 있지만 영어연습을 할 수 있는 친구를 가질 기회를 언제나 반긴다. 태국어를 구사하는 외국인이 드문 만큼 태국어를 몇 마디라도 한다면 대부분의 사람들은 즐거워하며 기뻐할 것이다.

새로운 지인과 이야기를 나눌 때 대화의 주제는 무엇이든 괜찮다. 단, 상대가 먼저 말을 꺼내지 않는 이상 태국의 정치와 왕실에 관해서는 피하는 것이 좋다. 태국인들은 신상에 대한 몇 가지 정보와 어디 출신인지를 물은 뒤에 태국에 대해 어떤 인상을 받았는지 물을 가능성이 높다. 태국인들은 자신들의 문화에 대해 어떤 면이든 칭찬을 들으면 언제나 아주 기뻐하므로, 나누고 싶은 긍정적인 의견들을 미리 생각해보는 것도 도움이 된다. 상대방의 나이와 직업, 또는 결혼을 했는지 등 개인적인 질문들도 태국에서는 절대적으로 용인되기 때문에, 방금 만난 태국인에게 이런 자세한 정보에 대한 질문을 받더라도 화를 낼 필요가 없다.

일단 우정을 쌓았다면 어떤 것을 기대할 수 있을까? 아마도 이제는 태국에서 가장 인기 있는 SNS이자 대부분의 사람이 매시간 또는 매일 어울리는 장소인 라인과 페이스북에서 친구를 맺었을 것이다. 근처에 간 김에 어떤 사람의 집에 들르는 일은 라인이나 전화로 먼저 연락하는 것보다 일반적이지도, 실용적이지도 않다. 식당이나 술집, 카페에서 모임을 하기로 약속하는 것이 좀 더 일반적이다. 이런 초대를 연속으로 한 번 이상 거절한 경우에는 친구들에게 여전히 관심이 있다는 확신을 주기 위해 먼저 다음 약속을 제안할 필요가 있다. 어느 경우든 대부분의 회합은 공개적인 장소에서 가지며, 누군가의 집에 초대를 받거나 가족을 소개받는 경우는 우정이 깊어지고 있다는 증거가 된다.

외출

태국인들은 사람들과 어울려서 즐거운 시간을 보낼 기회를 거절하는 일이 거의 없고, 보통은 어디를 갈지 또는 무엇을 할지에 대해 안달복달하거나 까다롭게 굴지 않는다. 여러 사람이 섞인 모임이라면 가장 나이가 많은 사람과 적은 사람 간에 어느 정도 격식이 남아 있겠으나 그 점이 좋은 시간을 보내는 데에 전혀 방해되지 않는다는 데 놀랄 것이다. 보통은 사람 수가 많을수록 더욱 즐거워지며, 사람들이 예고도 없이 다른 친구들을 데려오더라도 놀라지 말아야 한다. 태국인들은 보통 다른 많은 사람들과 함께 이곳저곳에 외출하는 것을 즐거워한다. 더 많은 사람들이 모여 더 시끄럽게 떠들수록 더 좋다. 음식과 술이 나오는 어느 곳이든, 쇼핑몰, 극장, 마트, 장터, 그리고 사원과 사당마저도 친구들과 함께 시간을 보내기에 인기 있는

장소들이다. 태국인들은 집으로 오라고 사람을 초대하는 경우는 거의 없다. 대개는 많은 사람들이 원룸이나 작은 아파트에 살아서 사람들을 접대하기에 불편하기 때문이다.

사교모임이 보통은 또래들로 구성되지만, 가끔은 더 나이가 많거나 직급이 높은 사람이 소위 우선권을 가지고 모임의 구심점이 되어 어디로 갈지 정하고, 또 적당한 경우에 돈을 낸다. 모임의 주최자나 가장 높은 사람이 돈을 내는 것이 관례이긴 하나, 오늘날 참석자들 사이에서 금액을 나누는 일도 마찬가지로 흔하다. 그렇긴 하나 파랑은 태국인과 비교해 훨씬 더잘 산다고 추정되는 일이 흔하고, 어울리는 사람들에 따라 가끔은 파랑이 돈을 낼 것이라고 기대하는 경우도 있다. 이 점이 확실치 않다면 직접 물어본다거나, 혹은 돈을 내야 하는 경우 예산이 정해져 있음을 솔직하게 이야기해도 전혀 문제가 되지 않는다.

술에 대한 태도의 경우 언제, 어디서, 누구와 술을 마셔도 괜찮은지가 서양의 상황과는 사뭇 다르다. 태국은 분명 술의 나라지만 술은 불교 계율상 금지되어 있는 묵인된 악행이며, 가끔은 예고 없이 행해질 수 있다. 확실치 않을 때면 함께 있는 사람들이 하는 대로 따르자. 특히 다른 누군가가 돈을 내는 경우에는 더욱 그렇다.

클럽과 단체

앞서 보았듯 태국인들은 무리 안에서 매우 편안해한다. 이들은 공동생활에 익숙하며 타협하고 인내할 수 있는 매우 큰 능력을 갖췄다. 또한 다른 사람들과 함께 취미와 여가를 즐길 수 있도록 클럽과 단체에 가입하는 일도 흔하다. 그런 모임은 중요한 사교적 수단이자 식사와 외출, 여행의 핑계가 된다. 이런 모임 중 일부는 함께 있을 때 똑같은 옷을 맞춰 입은 모습을 볼 수도 있다.

모터사이클이나 스쿠터 단체, 또는 골프 같은 고급운동을 하는 단체 등 일부 모임은 꽤나 배타적이다. 훨씬 더 격식 없는 단체들도 있는데, 가끔은 페이스북 그룹을 본거지로 삼기도 한다. 이런 모임에는 훨씬 더 가입하기 쉽고, 그중에는 모임을 좀 더 폭넓게 만들기 위해 일부러 영어를 사용하기도 한다. 가입하고 싶은 모임을 찾고 싶은 생각이 든다면, 특히 페이스북 등 신속한 온라인검색을 통해 어떤 모임에 합류 가능한지 알 수 있을 것이다.

환대와 집

집에서 손님들을 접대할 만한 여유가 있는 이들은 보통 초대를 즐긴다. 일반적으로 이들은 홍럽카엑^{hông rúp kàek}('손님을 받는 방'이란 의미)이라고 부르는 이를 위한 특정한 방이나 지역을 가졌을 것이다. 태국인들은 누군가의 집에 들어가기 전에 신발을 벗으므로, 이를 그대로 따라 하자. 보통은 신발을 벗어두기 위한 선반이 바깥에 있다.

손님이 지켜야 할 예절 중에 서양의 전통과는 전혀 다른 특별한 점은 없다. 다만 대화를 나눌 때 지나치게 적극적인 태도는 삼가고 반드시 주인을 칭찬하도록 하자. 부족한 것보다는 넘치는 것이 좋다. 조금 지각해도 괜찮고, 제시간에 도착해도 괜찮다. 교통체증에 갇히거나 지연되어서 20분 이상 늦게 된다면 전화를 거는 것이 좋다. 주인에게 작은 선물을 하는 것도 환영받을 것이다.

식사의 경우 태국의 전통은 식탁 위에 접시를 쌓아두고 모두가 자기 접시에 덜어 먹도록 하는 것이다. 태국인들은 외국인 손님에게 가능한 한 많은 음식을 맛보도록 하는 데 흥미를 보이겠지만, 그 외에는 아무런 규칙이 없으며 원하는 대로 많이 먹거나 적게 먹을 수 있다. 다른 아시아 국가와는 달리, 접시 위에 담긴 음식을 다 먹었는지에 딱히 의미를 두지 않는다.

선물 주기

선물은 태국 문화에서 중요한 요소다. 누군가가 휴가 동안 외국이나 다른 지방에 가는 경우, 언제나 집에 돌아가서 가족과 친구에게 줄 기념품과 특산품을 잔뜩 산다. 이는 애정만큼이나 존경의 표현이 된다. 만찬에 초대해준 이, 스승, 상사, 또는 후견인에게 선물을 주는 것도 효과가 좋다. 누군가에게 부탁을 하거나 협조를 구해야 할 때도 작은 선물을 하는 것은 긍정적인 효과를 낼 수 있다.

　태국인들은 언제나 외국, 특히 서구국가에서 온 선물을 받는 것을 좋아한다. 선물을 주는 것이 적절한 상황일 것이다. 그렇다면 집에서 뭔가를 가져오는 것은 좋은 생각이다. 초콜릿이나 다른 과자류, 또는 나라나 지방을 나타내는 기념품도 괜찮다. 고급술 역시 인기 좋은 선물이지만, 앞서 언급했듯 이 선물이 적절한지 먼저 판단을 해봐야 한다. 술 선물을 언짢아하는 사람은 거의 없지만, 태국 TV에서는 술을 선물로 주는 행위를 자제하자는 광고가 주기적으로 나온다.

데이트와 연애

앞서 이야기했듯 태국인들이 외국인과 데이트하는 것을 막거나 꺼리게 할 특별한 문화적 장벽은 없다. 반면에 데이트 웹사이트와 페이스북 그룹, 소설, 폭로, 연애 가이드북 등을 구성하는 개념들을 두고 전체적인 하위문화가 존재한다. 이 주제가 태국 호스티스와 나이 든 서양 남성의 전유물이라는 시대는 끝이 났으며, 여전히 이런 고정관념이 큰 영향력을 미친다고 하더라도 더 이상은 유효하지 않다.

태국인을 만나고 데이트하는 일은 간단하지만, 염두에 둬야 할 문화적 차이가 몇몇 존재한다. 공개적으로 애정 표현을 하는 일은 그 행위를 벌인 자들이 누구인지 상관없이 얼굴을 찌

• 선물 주기 •

민속학자로서 필자는 인터뷰를 하기 위해 개인의 기분을 맞춰야 할 때가 자주 있다. 이 일은 가끔 극도로 어려워지는데, 특히 내가 원하는 상대가 고위직에 있으면서 여유시간이 거의 없고 그 사람이 내게 협조해도 얻을 것이 없을 때 더욱 그렇다. 한 번은 내게 정말로 필요한 통찰력이 있는 한 여성이 있었는데, 내가 연락을 할 때마다 몹시 쌀쌀맞게 굴었다. 인터뷰 기회를 얻어내기 위해 세 번째 시도를 하면서 나는 별생각 없이 전에 누군가에게 받았던 일본산 차를 포장해서 선물로 건넸는데, 이 선물이 그녀의 태도를 얼마나 크게 바꿔놨는지를 보고 깜짝 놀랐다. 바로 나는 좀 더 진지한 대우를 받게 됐고 그녀가 실제로는 친절했음을 깨달았다.

푸리게 만든다. 진한 애무에 가까운 행위는 전혀 용납되지 않으며, 심지어 손을 잡는 것마저 논란의 여지가 있다. 좀 더 진보적인 태도를 가진 이들이 늘어나고 있음에도 전통적인 성역할은 대부분 남아 있고, 데이트에서 남성들이 돈을 낼 것이라는 기대가 있다. 이런 종류의 쟁점은 간단한 대화로 접근할 수 있지만, 태국인들은, 특히 태국 여성과 외국인 남성 간의 관계

에서 갈등을 피하려고 자기감정을 억누른다는 점을 기억하자. 이 문제는 시간이 지나도 가려질 수 있다.

관계가 진지해질수록 부모나 다른 가족을 만나야 한다는 기대를 받게 된다. 상황에 따라 다른 가족들과 상당한 시간을 보내야 할 수도 있는데, 특히 대가족이 같은 마을에 사는 지방에서는 더욱 그럴 것이다. 일반적으로 태국인과 진지한 연애를 하는 서양인들은 혼자만의 시간과 공간을 확보하기 위해 합의해야만 함을 깨닫게 된다. 공동생활에 익숙한 태국인들은 이를 중요하다고 여기지 않기 때문이다.

논쟁이 벌어졌을 때 서양인들은 태국인 연인이 욕구나 감정에 대해 드러내놓고 말하지 않거나 자신이 감정적으로 솔직하게 털어놓아도 같은 방식으로 대응한다는 점에 실망할 수도 있다. 가끔은 불만이나 분노가 완고한 침묵을 통해 표현될 수도 있으며, 이럴 때는 즉각적인 설명을 요구하지 말고, 인내심을 가지고 견디지 않으면 그저 상황을 더욱 악화시키는 데 일조할 수도 있다.

태국인과 사랑에 빠져서 결혼하고 싶은 남성에게 마지막 한 마디! 거의 모든 경우에 남성은 지참금을 지불해야 할 것이다. 금액은 협상 가능하며, 많은 경우에 지참금을 형식적으로 지불한 뒤 신혼부부에게 부분이나 전체를 돌려주게 된다. 선택 가능한 사항에 대해서는 배우자가 설명해줄 것이며, 지역과 지위에 따라 매우 다양하다.

아마도 덜 흔한 경우지만, 태국 남성과 외국 여성이 데이트하는 것 역시 사회적으로 용인된다. 연애 초반에는 태국에서는 전통적으로 남성이 주도하고 결정을 내린다는 점을 명심하도록 하자. 그러나 고정불변의 일은 아니며 여성이 적극적인 모습을 보이는 것을 걱정할 필요는 없다.

05

일상생활

태국 문화와 사회에서 가족은 중심이 된다. 가장 기본적인 사회적 단위인 가족은 태국의 다른 집단 대부분과 궁극적으로는 나라 전체를 축소한 이상적인 소우주라 할 수 있다. 부모와 조부모는 존경받아야 하며, 이들이 내린 혈통이라는 선물은 결코 그 무엇으로도 보답할 수 없다. 모든 태국 아이들은 그렇게 가르침을 받는다.

태국 문화와 사회에서 가족은 중심이 된다. 가장 기본적인 사회적 단위인 가족은 태국의 다른 집단 대부분과 궁극적으로는 나라 전체를 축소한 이상적인 소우주라 할 수 있다. 부모와 조부모는 존경받아야 하며, 이들이 내린 혈통이라는 선물은 결코 그 무엇으로도 보답할 수 없다. 모든 태국 아이들은 그렇게 가르침을 받는다. 가족 단위는 구성원 한 사람 한 사람이 위계를 존중하고 서로에게 양보하며, 충성하고 서로를 우선시할 때 건강하고 잘 작동하게 된다. 노인층과 빈민층에 대한 충분한 국가적 지원이 없는 상황에서 가족은 많은 태국인에게 필수적인 지원의 원천이 된다.

가족 구조와 규범

가족 단위는 핵가족보다는 대가족을 기반으로 한다. 다만 도시의 중산층 사이에서는 핵가족이 현저히 많아지기 시작했다. 이 단위의 위계적이고 보수적인 특성은 깊이 뿌리 내리고 있어서, 나이가 서열을 결정하고, 권위에는 의문의 여지 없이 그 결정을 따라야 한다. 이는 어린이와 젊은이들이 인생을 살고 의사를 결정하는 과정에서 일반적인 서양의 경우보다 부모와 보호자가 훨씬 더 큰 역할을 맡는 것에 익숙하다는 의미다. 그래도 가족의 품은 따뜻하며 어린이들은 축복받고 마음껏 응석을 부린다.

효도는 태국에서 아무리 강조해도 지나치지 않다. 여러 태국 유명인들이 자기 부모, 그중에서도 어머니에 관한 책을 출간하며, 이런 책은 전통적으로 매우 감상적이고 칭송으로 가득한 전기처럼 보인다. 대부분의 부모는 나이가 들면 자녀에게 봉양 받고 의지하며, 부모나 나이 든 친척을 양로원에 보내는

일은 생각할 수조차 없다. 충성과 의무를 강조하는 태국에서 족벌주의는 거의 보편적인 현실이다.

가족의 위계적 구조는 자식으로서의 관계를 반영한 대명사를 사용하면서 사회적으로 재생산된다. 태국인은 함께 있는 이를 형제로 칭하며, 부모 세대의 누군가에게 말을 할 때는 그 사람을 '이모' 또는 '삼촌'이라고 부르고 상황에 따라서는 심지어 '어머니' 혹은 '아버지'라고 부르는 때도 있다. 이는 단순히 서로의 상대적인 지위를 인정하는 것이며, 그 외에는 어떠한 친밀함이나 의무도 내포하지 않는다.

이름과 별명

대부분 태국인의 이름은 팔리어나 산스크리트어에서 비롯됐으며 외국인에게는 과도하게 길어 보일 수도 있다. 대부분의 이름은 두세 개의 음절로 이뤄지고 성은 좀 더 길지만 일상의 대화에서는 거의 사용되지 않는다. 친한 친구들이 서로의 성을 모르는 경우도 많다.

실제로 성은 1913년에 들어서야 시암에 도입됐다. 라마 6세

치하에서 통과된 법은 모든 가정에 새로 시행되는 인구조사 규정에 맞춰 성을 등록하라고 요구했다. 그 어떤 가족도 똑같은 성을 가질 수 없었고, 모든 성은 적어도 10개의 자음을 가져야만 했다. 태국 성이 길고 복잡한 이유가 여기에 있다(이 규정은 그 후 완화됐다). 성을 선택할 때 가족은 가장 상서로운 음절을 사용하기 위해 승려 또는 팔리어/산스크리트어를 할 줄 아는 역술가에게 조언을 부탁했다.

모든 태국인은 일상에서 사용하는 별명을 가지고 있으며 평생 동안 그 별명을 사용한다. 별명은 보통 한 글자로 된 이름이며, 언제나 좋은 뜻을 가지는 것은 아니다. 이를테면 다앵(빨강)이나 우안(뚱보), 옷(올챙이), 무(돼지), 노이(땅꼬마, 또는 작은 사람) 등이다. 대부분의 경우 태국인들은 신체적 특성에 대해 서양인들만큼 예민하지 않다.

집과 가구 형태

태국에서 가장 흔한 생활권의 형태는 주택가와 다닥다닥 붙은 상가 겸 주택들, 그리고 아파트 블록이다. 전통적으로 태국

기둥 위로 나무로 세워진 전통적인 형식의 태국 가옥

의 주택은 나무로 만들어졌고 홍수로부터 보호하기 위해 기둥 위에 짓는다. 그 밑의 공간은 가족이 소유한 동물이나 장비, 자동차 등을 보관할 장소를 제공한다. 이런 식의 주택이 전원지역에는 여전히 살아남아 있지만, 마을과 도시의 집들은 이제 콘크리트로 지어져서 서구식으로 보이며, 전통적인 태국건축과는 피상적인 접점만 가졌을 뿐이다.

상가 겸 주택은 도시와 농촌 모두에서 볼 수 있다. 1층은 전면이 개방된 상점이나 작업장이며, 그 위로 한 층이나 두 층 정도가 보통은 상점의 주인이 사는 가정집이 된다. 아파트 단지는 좀 더 도시에서 흔하며, 아주 싼 원룸 아파트만 있는 단지부터 인피니티 풀과 스파, 헬스클럽을 갖춘 호화스러운 콘도미니엄까지 다양하다. 동일한 스펙트럼이 주택에도 적용된다. 교외의 게이티드 주택단지는 흔히 평범한 촌락과 마을보다 훨씬 더 비싸다. 후자가 훨씬 더 쌀 뿐 아니라 좀 더 편리하다(그리고 덜 삭막하기도 하고!). 또한 많은 사람들이 자기만의 집을 설계하고 지으면서, 게이티드 커뮤니티보다 훨씬 더 흥미롭게 어우러진 도시를 만들어가고 있다.

태국 어느 곳에서든 집을 빌리는 일은 놀라울 정도로 쉽다. 또한 적어도 현재로서는 대부분 서구국가보다 여전히 훨씬 낮은 가격이며, 태국보다 덜 개발된 이웃 국가들보다도 더욱 저렴하다. 외국인을 위해 특별히 공급한 지역과는 반대 개념의 태국식 가옥이나 동네에서 지내는 일도 전적으로 가능하며 매우 추천한다. 가격 측면에서는 싸고 경험 측면에서는 풍요로울 테니까. 임대계약은 보통 6개월에서 12개월 사이로 체결된다. 대부분의 경우 한 달 치 월세를 보증금으로 내고 두 달 치 월세를 선불로 내게 된다.

일상생활

태국인들은 아침형이다. 도시의 경우, 보통 아침 8시나 9시에 직장이 시작하기 전에 아침 식사를 하고 교통체증을 뚫고 출근하는 일이 상당한 시간을 잡아먹기 때문에 영락없이 그럴 수밖에 없다. 지방의 경우, 시장에서 음식을 사거나 팔고, 그날의 음식을 준비하고, 동물들을 돌보고, 그게 아니라면 온갖 농사나 원예 작업을 시작하기 위해 아침 일찍 일어난다.

도시의 많은 사람들이 밖에 나가 점심을 사 먹지만, 어떤 사람들은 태국식 찬합인 '삔또'에 점심 식사를 싸 오기도 한다. 삔또는 여러 층으로 구성된 멋진 도시락으로, 인도에서 유래했다. 대부분의 사람들은 오후 5시에 일을 마치며, 그 후에는 집으로 돌아가기 전에 잠시 사람들과 친목을 도모하고 식사를 하는 시간이다. 태국 어느 곳에서든 해가 지고 난 뒤 동네를 돌아다니는 일은 매우 즐겁다. 이 시간대에는 대부분 사람들이 거리에 함께 앉아서 먹고 마시며, 웃고, 또 음악을 듣거나 게임을 한다. 공동체 의식과 느긋한 행복감은 전염된다.

출산

최근까지 출산은 집에서 이뤄졌고, 콴(70페이지를 참조하자)과 달 갑지 않은 혼령의 관심에 대한 미신뿐 아니라 나양한 금기와 민간요법의 지배를 받았다. 하지만 이제는 보통 병원과 진료소 에서 충분한 산전 관리와 함께 이뤄진다.

점성술은 여전히 태국에서 활발히 살아 있고, 대부분의 태 국인들은 자신이 태어난 정확한 시간과 태어난 날을 당연히 알고 있다. 이 정보는 별자리를 계산하고, 어느 날짜와 색깔, 물건이 길한지를 결정하는 데 사용한다. 결혼식 편에서 살펴보 겠지만, 사람들은 중대사를 앞두고 정확한 타이밍에 대한 조 언을 얻기 위해 승려나 점성술사를 찾는 일이 흔하다.

전통적으로 한 사람의 수명은 12년으로 구성된 주기에 따 라 계산되고, 각 해에는 중국의 황도십이궁에서 비롯된 열두 마리의 동물, 즉 쥐, 소, 호랑이, 토끼, 용, 뱀, 말, 양, 원숭이, 닭, 개, 그리고 돼지 중에서 한 동물의 이름을 따서 붙인다. 그 리고 태어난 해의 동물은 그 사람의 성격과 태도에 영향을 미 친다고 믿는다.

일반적으로 생일은 태국인들에게 큰 의미가 없다. 연인 사이를 제외하고는, 선물을 받으면 고마워하지만 기대하지는 않는다. 생일 축하 노래를 부르면서 축하하고 싶은 사람에게는 친구들과의 소소한 모임을 가지는 것이 기본이다. 많은 사람들이 생일을 딱히 중요하게 기념하지는 않는다. 어떤 이는 이를 사원에 가서 공덕을 쌓기 위한 기회로 삼기도 한다.

결혼

결혼은 가족을 한데 묶어주는 접착제이자 가족의 생존과 성장을 위한 핵심이다. 그러므로 태국 사회에서 결혼은 중요한 제도가 된다. 다른 대부분의 중요한 의식과 통과 의례와 마찬가지로 결혼은 어느 지역에 있는지, 그리고 커플이 속한 사회 계급에 따라 매우 크게 달라진다.

　태국 역사상 대부분 중매 결혼은 태국 사회의 모든 계층에서 규범이나 다름없었다. 그리고 여전히 일부 귀족 가문에서는 중매 결혼이 이뤄지지만 더 이상 대다수 태국인에게는 해당하지 않는다. 살아남은 전통 중 하나는 지참금 혹은 신부대다(123페이지 참조). 모든 남자는 약혼자의 부모에게 지참금을 지

결혼식에서의 신랑과 신부의 의례. 태국 수린주의 이산.

불하게 되어 있으며, 태국 은행들은 흔히 지참금의 지불을 수월하게 이뤄지도록 대출을 기본으로 제공한다. 금액은 사전에 협의되며, 결혼식의 일부로서 커다란 쟁반 위에 놓여 과시하듯 선보이게 된다.

모든 경우에 결혼식이 길한 날짜와 시간에 열린다는 것을 확인하기 위해 점성술사에게 상담을 받는다. 일 분 단위까지도! 눈치챘을지 모르지만 태국의 다른 중요한 행사들과 마찬가지로, 결혼식은 가끔 오전 11:28이나 오후 4:53처럼 매우 구체적인 시간으로 정해지기도 한다.

결혼식의 다른 공통적인 요소로는 가족 중 연장자들이 차례로 커플의 손목에 성스러운 실을 감는 행위가 있으며, 보통은 짧은 행진, 빈랑 열매와 다른 공물을 담은 의식용 쟁반, 그리고 신혼 침대의 축복 등도 있다. 그 자체로는 불교적인 행사가 아니지만, 결혼식은 기부를 하거나, 승려가 식을 위해 독경을 해주도록 초대하면서 공덕을 쌓을 수 있는 기회다. 농촌 지역에서는 음식으로 조상신을 달래며 결합을 허락받는다. 마지막으로 결혼을 합법화하기 위해 커플은 가장 가까운 관공서에 출석해서 수수료를 내고 공식적으로 혼인신고를 한다.

태국의 결혼은 집이나 호텔, 특별한 장소, 심지어 해변에서도 열릴 수 있다. 결혼식에는 커플들의 사회 배경과는 상관없이 언제나 음식, 술, 그리고 사람들의 편안한 어울림이 있다. 염두에 두어야 할 단 한 가지 특별한 예절은 봉투에 돈을 담아 선물로 주는 풍습이다. 이 봉투는 결혼식장 입구 근처에 있는 상자 안에 넣을 수도 있고, 아니면 적당한 때 등장하는 주최자에게 직접 봉투를 건넬 수도 있다. 부유하거나 인맥이 좋은 누군가의 결혼식에 초대받았다면, 초대와 함께 식순도 받을 것이다. 커플에게 좋은 기운을 준다고 여기는 색깔의 적절한 옷차림을 대여해야 할 수도 있다. 본래 서양의 개념이긴 하나, 여유 있는 커플들 사이에서는 신혼여행이 유행이다.

태국 정부는 현재 합법적 동성혼을 허용하려는 법안을 검토하고 있으나 이 책을 쓰는 중에는 아직 법으로 제정되기 전이다(2022년 5월 기준으로 동성혼이 합법화되었다-옮긴이).

태국에서의 이혼은 과거보다 오늘날 좀 더 흔하고 쉬워졌으며, 한때는 이혼을 흠으로 여겼으나 최근 몇 년간 이런 경향이 현저히 사라졌다.

죽음과 장례식

끔찍한 죽음이라거나 때 이르게 찾아온 죽음이 아니라면 태국인은 인상적일 정도로 차분하게 죽음을 받아들인다. 장례식에서 비탄이나 감정을 드러내는 일은 드물다. 실제로, 온갖 음식과 여흥이 함께하는 장례식은 사원의 축제와 닮았다.

결혼식과 마찬가지로 태국의 장례 의식은 지역마다 다양하지만, 공통적으로 다음을 포함한다. 시신을 정결하게 닦아내고, 고인의 집에 며칠 동안 관을 전시한다. 또한 고인을 대신해 공덕을 쌓는 공개적인 의식들을 다양하게 진행한 뒤, 저녁 시간 혹은 더 오랫동안 승려들이 독경하는 사원으로 관을 옮기고, 마지막으로 야외화장터에서 시신을 화장한다.

지역뿐 아니라 고인의 지위 역시 어떤 종류의 장례식이 열릴지에 영향을 미친다. 고인의 가족은 사원에 적당한 기부를 하고 적어도 3일간 식사와 여흥을 대접해야 한다는 기대를 받는다. 여흥에는 승려의 설교부터 몇몇 자타카 설화 공연, 그리고 소란스러운 음악과 음식, 심지어는 가라오케도 포함된다.

장례식은 가족들이 고인을 위해 공덕을 쌓고, 또 만족스럽게 베풀면서 체면을 유지하는 기회가 된다. 따라서 더 많은 사람이 장례식에 올수록 좋다. 장례식은 사회적 계층을 재현하는 의례다. 따라서 더 높은 지위에 있는 조문객들은 가장 눈에 띄는 자리를 차지하기 위해 초대받는다. 그리고 공덕 쌓기를 통해, 아니면 심지어는 그 자리에 있는 것만으로 후견 관계를 과시한다.

장례식에 드는 어마어마한 비용은 조문객들의 조의금으로 어느 정도 충당되는데, 조문객들은 이름을 쓴 봉투에 넣어 조의금을 낸다. 조의금의 액수는 20바트부터 그 이상(가끔은 훨씬 더 큰 금액이 된다)으로, 고인과 그 가족에 얼마나 가까운지를 보여줄 뿐 아니라 조문객의 재산과 지위를 반영한다.

장례식에 참석해야 할 때는 검은 색으로 차려입어야 한다. 공개적인 의식의 부분 혹은 모든 단계에 참석하도록 초대를 받게 된다. 장례식장에 들어서면서 관 가까이에 향을 피우고, 소개를 받게 되는 모든 이들에게 공손한 '와이'를 하는 정도면 된다. 장례식에서 밤까지 술을 마시고 도박을 하는 것이 예전에는 흔했지만 정부 캠페인이 이를 대대적으로 저지하고 있다.

성별과 성생활

여성의 지위에 있어서 태국은 상대적으로 다른 동아시아나 동남아시아 국가에 비교해 진보적이다. 그러나 표면적으로는 여전히 아주 보수적인 상태다. 여성들은 모든 일에서 남편이 선호하는 의견에 따라야 하며, 수반되는 모든 가사책임을 포함해 가정주부의 역할을 맡고, 아이를 길러야 한다. 남성과 여성은 삶에서 뚜렷이 다른 별개의 역할을 맡아야 한다는 전통적인 생각이 여전히 남아 있다. 그러나 여성들은 보이는 것보다 더 움직임이 자유롭다. 많은 여성들이 무역과 사업, 그리고 공무원 조직에서 커리어를 쌓고 있으며, 정치 분야에서는 잘 드러나지 않지만 여성이 태국의 총리에 올랐던 적도 있다. 모든 분야에서 관리계급은 여전히 남성들이 장악하고 있기는 하다. 사회적으로, 철저히 얌전하고 공손한 태국 여성의 전통적인 이미지는 오해의 소지가 있다. 오늘날 많은 태국 여성들이 남성들만큼이나 사교적이고 호기심 넘치며 독립적이다. 그리고 그렇지 않을 것이라는 추측을 달가워하지 않는다.

한 가지 남아 있는 흥미로운 금기는 생리혈에 관한 것이다. 태국인들은 생리혈이 남성의 용기에 부정적인 영향을 미치는 주술적인 특성을 띠는 아주 강력한 물질이라고 믿는다. 따라서 여성의 속옷이 다른 빨래들과 함께 걸려 있는 모습은 보기 어려우며, 많은 여성들이 생리 기간에는 여러 활동과 행동을 자제한다.

남성의 경우 완전히 보수적이고 마초적인 남성적 정체성의 규범에 따라야 한다는 압박이 점차 줄어들고 있다. 또한 이러한 규범들은 대부분 특정 직업적 환경, 예를 들어 경찰이나 군, 그리고 일부 사업 분야에서만 관찰된다.

동성애자와 트랜스젠더의 권리에 대한 태국의 태도는 진보적이며 LGBT 여행자들에 대해서도 매우 우호적이라 차별은 거의 느낄 수 없을 것이다. 특히 방콕은 개방적이고 활발하며 광범위한 동성애적 현장으로 잘 알려져 있다. LGBT 태국인들에게는 여전히 취업의 기회에 영향을 줄 수 있는 낙인이 여전히 남아 있으며 동성 커플은 이성 커플이 누리는 것과 동일한 법적 권리를 누릴 수 없다. 2019년 동성 커플의 지위를 조금 더 평등하게 보장해주기 위한 의회의 논의가 시작됐다.

트랜스젠더 여성은 태국에서 아주 흔하다. 태국어로는 '까떠이katoey'라고 부르는 이들은 어린 나이, 가끔은 고등학교에 입학하기 전부터도 자유로이 성 정체성을 주장하며, 보통은 태국 사회에서 견책을 받거나 특별한 관심을 끌지 않는다. 까떠이는 결코 관광지에서 마주치게 되는 '여장남자' 카바레쇼에서 공연하는 이들에만 국한되지 않는다. 그보다는 태국 곳곳에 살면서 상점 직원부터 공무원까지, 그저 다른 사람들과 마찬가지로 모든 영역에서 일한다. 까떠이라는 용어는 종종 더 광범위하게 남성 동성애자를 의미할 수도 있다.

06

여가생활

태국, 특히 방콕은 모든 취향에 맞출 수 있는 음식과 오락으로 넘쳐난다. 어느 정도는 태국을 온갖 여행자와 외국인 거주자들에게 그토록 인기 있는 장소로 만들어주는 이유라 할 수 있겠다. 상대적으로 보면 최근 몇 년간 태국의 생활비는 상당히 상승했다. 그래도 조금 개방적인 생각을 가지고 모험할 의지가 있는 이들에게는 여전히 결정이 어려울 정도로 선택의 폭이 넓은 곳이다.

진기하거나 국제적이거나, 소박하거나 우아하거나, 아니면 전통적이거나 완전히 특이하거나 간에 태국과 특히 방콕은 모든 취향에 맞출 수 있는 음식과 오락으로 넘쳐난다. 과정이 아니라, 어느 정도는 태국을 온갖 여행자와 외국인 거주자들에게 그토록 인기 있는 장소로 만들어주는 이유라 할 수 있겠다. 상대적으로 보면 최근 몇 년간 태국의 생활비는 상당히 상승했다. 하지만 예산이 한정적이라도, 특히 조금 개방적인 생각을 가지고 모험할 의지가 있는 이들에게는 여전히 결정이 어려울 정도로 선택의 폭이 넓은 곳이다.

태국식 외식

태국인들은 외식을 즐긴다. 막대한 자산가들이 집에서 저녁 파티를 여는 동안 평범한 태국인들은 서로를 레스토랑으로 초대하는 경우가 훨씬 더 흔하다. 태국 어느 곳에 가든 신선하고 향긋한 요리를 제공하는 다양한 수준의 레스토랑과 노점상을 만나게 된다. 그 덕에 태국 요리가 그토록 유명해진 것이다.

　레스토랑 외식은 태국에서 격식을 차릴 필요가 없는 활동

방콕의 생기 넘치는 차이나타운 지역 야오와랏 로드에서 한 가족이 저녁 식사를 즐기고 있다.

으로, 보통은 모든 사람이 고르고 선택할 수 있게 식탁 위에 다양한 요리들을 펼쳐 놓는다. 격식을 차릴 필요가 없으며, 음식이 도착하면 모두가 달려든다. 일반적으로 포크와 숟가락을 사용하며 국수를 먹을 때는 젓가락을 쓴다.

초대를 한 사람이 모두를 위해 식사비를 내는 것이 원칙이며, 계산할 차례가 된 사람은 웨이터에게 "첵 빈 두아이 컵/카 chek bin dûai kúp/kâ"라고 말하며 계산서를 요청하면 된다.

태국 음식뿐 아니라 유럽식, 미국식, 이스라엘식과 중동식, 중국식, 인도식, 일식, 그 외에도 아주 다양한 온갖 종류의 요리를 만나볼 수 있다. 방콕에서는 코리아타운과 재팬타운, 서양인 여행자들의 게토인 카오산로드와 그 주변 지역, 그리고 볼거리 많고 유서 깊은 차이나타운을 포함해 그 일대가 전부 특정 국가의 요리와 문화를 제공하는 동네도 있다. 모든 유형과 크기의 식당이 있는데, 길가에서 국수를 파는 판잣집부터 라이브공연을 위해 특별히 지어진 웅장한 시설까지 다양하다.

태국 요리

태국의 요리는 외국의 태국 레스토랑에서 일반적으로 볼 수 있는 것보다 훨씬 더 다양하고 섬세하다. 대부분 신선한 재료의 사용과 강렬하고 향기로운 풍미라는 특징을 가진다. 이런 점에서 철저히 동남아시아다우면서도 인도와 중국, 서양의 재료와 조리 방법으로부터 엄청난 영향을 받았다.

토종 태국 요리는 네 가지 기본범주로 나뉘는데, 똠(끓이기), 얌(매운 샐러드), 땀(절구에 빻은 샐러드나 페이스트), 깽(커리)이다. 튀긴 중국요리 역시 곳곳에 영향을 미쳤다. 태국 내에는 적어도 네 가지로 구분되는 지역별 요리가 존재한다. 태국 중부와 이산, 북부/란나, 그리고 남부식 요리다. 각 지역의 요리에 대해서는 다음에 더 자세히 다루도록 하겠다.

방콕 담넌 사두억 수상 시장에서 상인이 물에 국수를 삶고 있다.

태국의 음식은 '아한', 그리고 식당은 '란 아한(음식 가게)'이라고 부른다. 중심가의 레스토랑들이 외국인들에게 음식을 제공하는 역할을 한다면, 더 작은 도시에서는 그렇지 않다. 또한 카운터에서 재미있어 보이는 음식을 망설임 없이 선택할 수 있는 식도락가라면, 다르게 요리해달라고 요청하지 않는 이상 놀랄 정도로 강렬하게 매운맛을 경험하게 될 수도 있다. 태국 요리가 서구에서는 강렬하게 매운 고추를 연상한다는 점은 어쩐지 모순되게 들린다. 고추 열매는 17세기 포르투갈인들이 미대륙에서부터 태국으로 들여왔기 때문이다. 많은 태국인들이 매운 음식을 딱히 좋아하지 않고 식당에서 주문할 때 매운 정도를 분명히 하고 있지만, 현재 매운맛은 모든 태국 음식에 존재하는 요소다. 혀에 불을 지르는 듯 매운 고추 맛을 해결하기 위해서는 요거트나 다른 유제품을 섭취하는 것이 최고다.

달갑지 않은 놀라움을 피하고 싶다면 다음에 나오는 표현들을 활용해보자. 각 문장의 마지막에는 번역하기 어려운 정중한 표현의 접미사가 있음을 주목하자. 남자는 '컵', 여자는 '카'라고 한다.

식사와 레스토랑

많은 태국인들이 국밥(까오똠) 혹은 죽(족)으로 하루를 시작하길 좋아한다. 그리고 하루 동안의 식사는 고기나 생선, 혹은 둘 모두와 채소요리에 밥이나 국수를 곁들인 조합으로 구성된다. 디저트는 선택적이지만 격식을 차린 저녁 식사에는 포함되는 것이 좀 더 일반적이다. 유럽식이나 미국식, 영국식 등 서양식 아침 식사도 일부 태국인들에게 인기가 좋으며, 태국 전역의 도시와 관광지에서 쉽게 찾을 수 있다. 거의 모든 경우에 태국 음식은 서양 음식보다 상대적으로 더 저렴하며 훨씬 더 건강한 경우가 많다!

특정 지역 요리들을 전문으로 하는 레스토랑들은 보통 더 비싸며 하루의 어느 때나 식사가 가능하다. 하이난식 국수(꾸어이띠어우)나 볶음밥(아한 땀썽) 같은 단품을 파는 식당은 바쁜

어느 인기 있는 요리 노점에서 사람들이 간단한 점심을 즐기고 있다.

점심시간 이후 2시 정도에 닫는 경우가 흔하다. 이렇게 아침 식사/점심 식사를 선택하는 것은 더 저렴하고 보통은 훌륭하다. 하이난식 국수는 태국인들에게 그리운 고향의 맛이며, 일부 외국인들도 일단 주문법에 익숙해지면 그렇게 느끼게 된다. 영어메뉴판을 갖춘 국숫집은 드물지만 그렇다고 포기하지 말자. 무슨 말을 전달할지를 기본적으로 이해하고 주문한다면 점원들은 아주 잘 도와줄 것이다. 국수(가는 면: 센렉, 납작한 면: 센야이, 계란면: 센미)와 국물(맑은 국물: 남사이, 똠얌: 소나 돼지의 피를 넣고 끓인 붉은 소스. 똠얌 혹은 남똑)의 종류, 그리고 마지막으로 닭고기나 돼지고기, 소고기(까이, 무, 또는 느어) 등 가게에서 파는 육류를 주문할 수 있어야 한다.

한 가지 음식만 파는 레스토랑에는 종종 영어메뉴판이나 적어도 사진이 들어간 메뉴판이 있으며, 언제나 채식 메뉴를 갖추고 있다. 이런 레스토랑 메뉴에는 항상 팟타이, 볶음밥, 볶음국수, 채소볶음, 그리고 흔한 종류의 고기와 해산물이 들어간 각종 커리 등이 포함된다.

메뉴에 등장하는 단어

태국 요리 메뉴에 가장 흔하게 등장하는 단어로는 카이(달걀), 까이(닭고기), 무(돼지고기), 느아(소고기), 그리고 뺏(오리)이 있다. 말린 소고기와 돼지고기는 특히 강렬한 풍미를 지닌다.

태국은 특히 생선과 해산물 요리로 유명한데, 만약 바다에서 멀리 떨어진 곳에서 식사한다면 민물고기가 더 신선할 수 있다. 유명한 해산물로는 꿍(새우), 쁠라(물고기), 쁠라 까뽕(도미, 매우 인기 있는 재료다), 쁠라 믁(오징어), 허이(조개), 허이 끄렝(새조개), 아한 딸레(각종 해산물), 그리고 뿌(게) 등이 있다.

채소 중에서는 후엄(양파), 헷(버섯), 팍깟(배추), 마크아텟(토마토), 그리고 먼 파랑(감자) 등을 볼 수 있을 것이다.

일반적인 요리

태국의 요리는 위에서 설명한 모든 재료를 활용하며, 여기에 다양한 맛을 첨가한다. 특히 까디얌(마늘), 팍치(고수), 프릭타이(후추), 따끄라이(레몬그라스), 킹(생강), 프릭(고추) 등이 쓰인다. 다음은 가장 일반적인 요리들이다.

깽펫(커리)과 깽펫까이(닭고기 커리), 깽 끼아오 완(그린 커리)와 깽 펫 뎅(레드 커리)의 차이를 구분할 필요가 있다. 깽 마사만은 태국 남부에서 흔한 부드럽고 향긋한 커리를 의미한다.

깽젯은 양념을 가미하지 않은 차갑고 맑은 돼지고기와 채소 육수를 의미한다. 깽젯느아는 소고기탕이다.

똠얌은 맵고 뜨거운 국을 의미한다. 태국에서 가장 인기 있는 요리 가운데 하나로, 특히 똠얌꿍이 유명하다.

카오팟(볶음밥)은 대중적인 한 그릇 식사로, 거의 아무 재료나 곁들일 수 있다. 카오팟무는 돼지고기 볶음밥이다. 보통은 오이와 양파가 함께 나온다.

꾸어이티어우(국수)는 중국에 뿌리를 두고 있으며 여러 국숫집에서 볼 수 있다. 흔히 젓가락으로 먹는다. 바미는 국수로, 다양한 모양과 크기로 나온다. 바미 랏 나 꿍은 국수와 함께 먹는 새우로 그 자체로 식사가 된다. 미크롭(바삭하게 튀긴 국수) 역시 한 번 먹어볼 만하다.

텃 만 쁠라 또는 텃 만 꿍(생선어묵 또는 새우어묵) 역시 흥미롭고 쫄깃쫄깃한 요리다.

얌(샐러드)은 서양식보다 훨씬 맵다.

카오 수아이(일반 쌀)는 보통 찌는데, 기분 좋게 포슬포슬하고 품질이 좋다. 쌀밥은 태국의 주식으로, 사실상 매끼 먹는다. 카오 니우(찹쌀)는 북부의 특산품으로, 종종 바나나잎에 싸서 요리한다.

능(찐), 양(구운), 팟(볶은), 텃(튀긴), 프리어완(새콤달콤한) 같은 단어들을 알아두면 유용하다. 주문을 할 때 재료를 먼저 말하고 조리 방법을 두 번째로 말해야 한다. 그러면 꿍 텃(튀긴 새우), 쁠라 프리어완(탕수어) 같은 요리를 먹을 수 있다.

음식 알레르기가 있는 경우에 태국인 친구에게 필요한 정보를 글로 써달라고 부탁하자. 그래야 외식을 할 때 정확하게 그 사실을 전달할 수 있을 것이다.

지역별 요리

【 방콕/중부 】

중앙평원의 요리는 주식으로 재스민 라이스를 사용하며, 코코넛 밀크로 만든 다양한 커리와 수프가 특징이다. 서양의 태국 레스토랑에서 먹을 수 있는 요리 대부분은 태국 중부요리로,

가장 쉽게 접근할 수 있고 국제적인 맛이라고 여겨진다.

【 남부 】

남부 요리 역시 마찬가지로 여러 가지 커리와 코코넛 밀크를 포함하지만 훨씬 더 매운 경향이 있다. 인도와 말레이시아, 그리고 인도네시아 요리뿐 아니라 북부에서 내려온 하이난과 광둥식 요리의 영향도 받았다. 중국 남부와 안다만해 사이에 자리하고 있어서 남부의 요리는 신선한 해산물을 굉장히 많이 사용한다. 매운 음식이 힘들다면 더 순한 까오얌을 먹어보자. 까오얌은 쌀과 허브, 채소를 버무린 샐러드다.

【 이산 지방 】

이웃한 라오스의 요리와 여러 특징을 공유한 이산의 요리는 몹시도 독특하면서 맛있다. 다만 일부 태국인들은 이산의 요리를 저급한 '농부'의 음식이라고 여기기도 한다. 주식은 손가락으로 먹는 찰진 찹쌀밥이다. 매운 샐러드가 여기에 다양하게 곁들여지는데, 랍(다진 닭고기/돼지고기/생선을 양파, 허브, 양념 등에 곁들이고 가루를 내어 구운 쌀로 독특하게 맛을 낸 요리)과 전형적인 요리인 솜땀(익지 않은 파파야를 잘게 썰어서 콩깍지와 토마토, 땅콩, 말린 새우

등을 넣고 라임과 사탕야자로 만든 드레싱으로 버물리는 요리) 등이 있다. 솜땀은 꼭 먹어봐야 할 요리로, 찹쌀밥과 구운 닭고기에 곁들일 때 최고다. 보통은 엄청 많은 고추가 들어가므로, 더 순한 맛을 원한다면 잊지 말고 웨이터에게 말하자.

【북부/란나】

이산과 마찬가지로 찹쌀밥과 빻아서 만든 매운 샐러드, 페이스트가 북부 요리의 주식이다. 또한 북부 요리는 독특하게도 발효된 맛과 감칠맛 나는 커리 등 버마와 샨족의 요리가 지닌 요소들을 흡수했다. 대표적인 요리로는 카오 소이(계란면과 닭고기가 들어가는 순한 옐로 커리)와 사이 우아(매우 독특한 매운 소시지로 강력하게 추천한다)가 있다. 향긋한 땀 마크아(구워서 으깬 가지)와 북부인들이 쌀밥에 곁들여 먹는 매력적인 다진 양념류도 꼭 먹어보자.

양념

서양인의 입맛에 태국 음식은 대담할 정도로 향이 강하고 전체적으로 조미료가 많이 들어간다. 그러나 태국인들은 고추와 식초, 간장, 심지어는 사탕수수 설탕을 다양하게 조합해서 거침없이 추가 조미료를 사용하는 게 보통이다. 가장 기본이 되는 것은 남쁠라로, 소금에 절인 생선을 발효시켜서 만든 묽은 갈색 소스다. 냄새는 강력하지만 약간만 사용하면 아주 맛이 좋다. 식당에서는 고추와 신선한 마늘을 다져서 넣은 남쁠라가 도자기 그릇에 담겨 있는 모습을 흔히 볼 수 있다.

과일과 디저트

태국은 서양에서는 거의 보기 어려운 여러 이국적인 과일들을 포함해 놀라울 정도로 다양한 과일(폰라마이)들이 있다. 신선한 과일은 어디서든 구할 수 있고 계절에 따라 바뀐다. 길거리 이곳저곳에 미리 껍질을 벗겨서 준비해둔 과일들을 파는 노점과 수레가 있으며, 아니면 손질되지 않은 과일을 더 많이 사기 위해 청과시장에 가도 좋다.

초록색 오렌지는 계속 놔두지 말자. 잘 익었을 때 나타나는 자연스러운 색이니까. 바나나(끌루아이), 여러 종류의 망고(마무앙), 파파야(말라꺼), 파인애플(쌉빠롯), 수박(땡모), 자몽(쏨오), 람부탄(응아), 슈가애플(너이나), 잭프루트(카눈), 구아바(파랑), 용과(깨우망껸), 로즈애플(춤푸), 리치(린찌), 용안(람야이), 그리고 망고스틴(망쿳) 등도 맛볼 수 있다. 딸기, 사과, 그리고 그 외에 온대기후에서 자라는 과일들도 이제는 태국 북부에서 재배된다.

코코넛(마프라우)은 노점상에서 신선한 채로 살 수 있다. 상인이 코코넛 윗부분을 잘라내고 빨대를 줘서 주스를 마실 수 있는 상태로 건네줄 것이다.

태국 디저트(카놈)는 상당히 달콤하며 가끔은 쌀이나 코코넛으로 만들어진다. 가장 흔히 볼 수 있는 디저트로는 카놈 마프라우(코코넛 케이크), 끌루아이 부앗 치(코코넛 크림을 뿌린 바나나), 끌루아이 텃(바나나튀김), 그리고 팍통 상카야(단호박 푸딩) 등이 있다. 지역마다 독특한 과자류가 많아서 노점상과 마트에서 맛볼 수 있다.

태국인에게 가장 큰 사치품은 두리안으로, 두리안은 커다랗고 뾰족뾰족한 껍질 뒤로 알맹이가 숨어 있는 과일이다. 냄새는 압도적으로 지독하지만 그 맛은 귀하다. 냄새를 도저히 참지 못하겠다면, 두리안 아이스크림으로 타협을 보자. 두리안을 맛보는 용기를 지녔다면 그만큼 보상을 받겠지만 말이다.

음료

【 무알코올 음료 】

태국인들은 차를 많이 마시고, 몇십 년 동안 북부에서 차 농사를 지어왔다. 태국인들은 다양한 허브 아이스티(남차 옌)를 마시고, 특히 차 타이를 즐긴다. 차 타이는 연유로 달콤한 맛을 낸 차로, 어디에서나 신선하게 만든 차를 살 수 있다. 설탕이 들어간 음료수도 인기지만 태국인들은 식사할 때 물을 마시는 것을 좋아하며, 술도 좋아한다.

서양식 커피숍은 이제 태국 곳곳에서 만나볼 수 있으며 대부분은 태국에서 재배한 원두로 만든 아주 훌륭한 커피를 판다. 로부스타 원두는 남부에서, 아라비카 원두는 북부에서 재배되며, 도이퉁과 도이창은 아라비카 원두를 재배하는 모범사례로 전 세계적으로 유명하다. 아카아마 커피는 로스팅이 뛰어난 곳이라 일부러 찾아가 볼 만한 커피숍이다.

수많은 상점과 노점들이 과일 스무디와 갓 짠 주스를 팔며, 병에 담긴 여러 종류의 증류수나 생수도 어디에서든 구할 수 있다.

【주류】

태국은 전통적으로 독특하게 맛을 낸 약효 있는 술을 마시는 풍부한 문화를 지녔지만, 안타깝게도 독점기업과 그 기업에 유리하게 운영되는 법률 때문에 거의 명맥이 끊긴 상태다. 주류에 부과되는 세금은 매우 높다. 따라서 주류 가격은 특히 수입 제품의 경우는 엄두도 못 낼 정도로 비싸다. 그런데도 장인이 만든 수제 주류에 대한 관심은 높아지고 이다.

맥주

태국의 맥주 생산은 최근까지 싱하, 레오, 창 등 유명한 국내 라거 맥주 브랜드를 생산하는 두 지배 기업에 한정되어 이루어졌다. 그러나 2016년 소규모 양조장이 엄격한 정책을 피해 작업하기 시작하면서 크래프트 맥주 업계는 극적으로 발전하게 됐다. 이전까지 태국 정책은 해외에서 맥주를 양조하고 이를 수입해서 태국에 재판매하도록 함으로써 소규모 양조장을 규제해왔다. 이제는 상당히 멀리 떨어진 지방을 포함해 태국 전체에 크래프트 맥주를 파는 술집이 즐비하다. 일반 레스토랑 역시 점차 커지는 수요에 맞추기 위해 다양한 맥주를 갖추기 시작했다. 다른 동남아시아 국가에서 생산한 크래프트 맥주 역시 맛볼 수 있다. 문제는 맥주 가격이 무지막지하게 비싸서, 보통 한 잔당 가격이 200바트에서 300바트에 이른다는 점이다(어느 면에서는 과도한 세금 탓이며, 또 어느 면에서는 맥주 문화가 어느 정도 배타적이기 때문이다). 물론 예외도 있는데, 크래프트 맥주는 가격이 높은 편임에도 현장에 가면 늘 사람들로 북적이면서 흥미진진한 분위기를 띤다. 일이 잘 풀린다면 앞으로 더 많은 양조장이 등장하며 맥주 업계는 계속 성장하게 될 것이다.

증류주

수입 증류주는 널리 접근할 수 있으며, 맥주와 마찬가지로 비싸다. 태국인들이 아무것도 섞지 않은 순수한 증류주만 마시는 일은 드물며, 귀한 싱글몰트 위스키조차 얼음과 탄산음료로 희석한다. 다양한 지역 증류주가 훨씬 저렴한 가격에 생산된다. '쌩쏨'은 지역에서 생산한 사탕수수 럼주로, 여행자와 현지 주민 모두에게 특히 인기 있다.

와인

다시 한번 말하지만 수입 와인은 가격이 비싸며 사치품으로 인식된다. 태국도 이제는 북부와 북동부에 포도원을 갖췄음에도 그렇다. 로에이 북부의 샤토 드 로에이는 가장 오래된 포도원이며 치앙마이의 농업대학에서 만든 마에조 레드 역시 팬층을 거느리고 있다. 지역 와인은 망고스틴 같은 다른 과일로 만들어지기도 한다.

• 술을 마실 때 •

건배	촉디	접시	짠
잔	깨우	우유	놈
병	쿠앗	"우유는 빼주세요."	마이 사이 놈
"한 병 더 주세요." 코 익 능 쿠앗		설탕	남 딴
컵 또는 그릇	투아이		

쇼핑

사실상 방콕에서는 무엇이든 살 수 있고, 가끔은 할인가에도 가능하다. 음식을 포함해 수입품은 비싼 경향이 있지만, 유명한 브랜드나 장인이 만든 제품과 함께 이제는 현지에서 만든 대체품도 많이 나온다.

태국의 산업적 기반은 지난 40년 동안 어마어마하게 확장되었고, 이제 이 나라는 전자제품과 섬유, 제약 등을 생산하는 공장들의 연결망을 확보하고 있다. 흥청망청 쇼핑하고 싶다면 대부분 현지생산 제품들이 합리적인 가격과 훌륭한 품질을 가지고 있음을 깨닫게 될 것이다.

태국에서는 흥정을 피할 수 없는데, 누군가에게는 기쁨이자 누군가에게는 유감일 수 있다. 외국인들은 가끔 할인가를 확보하려다가 거절당하면서 화가 날 수도 있지만, 아마도 유명 브랜드나 체인 소매점, 쇼핑몰의 슈퍼마켓, 그리고 청과시장(신선 제품은 어딜 가나 정가에 판매되는 것이 일반적이다)처럼 가격이 정해진 상점이었기 때문일 수도 있다. 주말의 짜뚜짝 시장 같은 곳에서 파는 기념품, 옷, 물건 등은 흥정이 가능하다. 번화가 상점에서 전자제품 같은 물건을 살 때 가끔 협상의 일부로 추가적인 뭔가를 무료로 받을 수 있음을 기억하자. 그럴 경우 "탬 아라이 마이 컵/카이"라고 묻자.

시암스퀘어와 주변의 프라투남, 수쿰윗 지역에 아마도 가장 광범위한 종류의 상점이 밀집해 있겠지만, 실로암과 수리왕 주변의 주요 상업지구를 포함해 방콕의 웬만한 지역도 훌륭한 쇼핑 시설을 갖추고 있다. 보배타워는 옷을 대량으로 사기에 좋다. 또한 딸링찬과 암파와 등에 있는 활기 넘치는 수상 시장을 포함해 물건을 잘 갖춰놓은 환상적인 시장들도 많다.

지방에서는 가장 작은 읍에 가서도 여러 가지 물건을 파는 모습을 볼 수 있다. 대부분 대형 호텔과 관광안내센터에는 태

• 구매자 위험부담의 원칙 •

사는 사람이 조심하자! 해마다 여행자들은 진품이라고 믿지만 실은 그렇지 않은 예술품에 속아 넘어가서 구입하고 만다. 예를 들어 아유타야 같은 유적지에서는 지난주에 제작해서 교묘하게 골동품처럼 보이게 만든 물건을 가지고, 진짜 골동품이라고 접근한다. 진짜 골동품은 비싼 가격일 가능성이 높고, 그 골동품을 태국 밖으로 반출하려면 수출승인서를 마련해야 한다.

가짜 디자이너 제품과 불법복제 영화 및 소프트웨어는 방콕이나 다른 도심지에서 얼마든지 구할 수 있다. 가끔 경찰이 엄중히 단속하지만 끈질기게 살아남는다. 말할 것도 없이 품질은 보장받을 수 없다.

보석을 살 때, 특히 길거리에서 누군가가 접근해왔다면 특별한 주의를 기울일 필요가 있다. 평판 좋은 상인은 이런 식으로 호객행위를 하지도 않고, 특별 프로모션을 하지도 않는다. 제품의 가치에 관한 모든 주장은 신중하게 검증해야 하며, 보석상의 신뢰도에 조금이라도 의심이 간다면 태국 정부관광청의 관광지원센터에 확인하도록 하자. 태국 정부관광청 웹사이트는 다음과 같다: www.tat.or.kr

국의 수공예품을 파는 기념품 가게가 있다. 매력적인 물품으로는 태국 실크, 청동기, 청자, 그리고 목각 등이 있다.

문화생활

태국은 인도와 동남아시아의 전통에서 끌어온 풍요롭고 다채로운 문화를 보유하고 있다. 불교 외에도 태국 문화의 고전적인 분야를 구성하는 기본적인 요소 가운데 하나는 태국에서는 「라마끼안」으로 번역된 인도 서사문학인 「라마야나」다. 「라마야나」는 기원전 7세기에서 4세기 사이에 산스크리트어로 쓰였으며 라마 왕자의 이야기를 담고 있다. 라마 왕자의 부인이 악귀의 왕 라바나에게 납치당하면서 대전쟁이 일어났고, 라마 왕자는 전쟁에서 승리를 거두고 고향으로 돌아와 왕위에 오른다. 「라마끼안」은 왕실에서 심오한 정치적·종교적 의미가 있으며, 이상적인 왕권의 본보기를 제공하고 왕실의 의례와 의식들에서 사용되는 여러 주제와 상징들에 영감을 안겨주었다. 그 가운데 일부는 오늘날에도 여전히 남아 있다. 현재 이 서사시는 고전무용과 연극, 그리고 미술에서 가장 많이 알아보기 쉽다.

고전 문화에 관심이 있다면 몇 가지 맥락적인 지식이 도움이 될 것이다. 신라빠꼰 미술대학교의 서점에서는 이 주제를

전통적인 라콘 무용수가 태국에서는 「라마끼안」이라고 하는 「라마야나」의 장면을 연기하고 있다.

다루는 뛰어난 문헌들을 갖추고 있으며, 가이드를 구하거나 태국관광청(www.tourismthailand.org)에서 제공하는 가이드 투어에 참여하는 것이 도움이 될 것이다. 다음은 다양한 형태의 고전 예술형식에 대한 간략한 설명들이다.

【 태국무용 】

태국무용(라콘)은 원래 왕실에서만 공연됐지만 이제는 극장(특히 국립극장)에서 볼 수 있다. 가끔은 결혼식이나 다른 축하 행사뿐 아니라 레스토랑에서 여행자들을 대상으로도 공연된다.

라마끼안 전편을 공연하려면 며칠이 걸리기 때문에 일반적으로 공연은 그저 한 가지 일화로만 구성된다. 합창단과 해설자들은 음악연주와 함께 줄거리를 낭독하며, 무용수들은 양식화된 몸짓과 동작을 사용해 이야기를 들려준다. 그리고 그 움직임은 매우 느리다. 무용수들은 몸부터 엉덩이까지 몸을 꼿꼿이 세우고 무릎을 굽혀 아래위로 움직이고 음악의 박자에 맞춰 곧게 뻗는다. 양단으로 만든 무용복은 전통적인 왕실 드레스 혹은 문학이자 신화에 나오는 인물들의 드레스와 비슷하다. 섬세하게 제작한 가면을 쓰기도 하는데, 가면은 가끔 신내림 의식에서도 신성한 물건으로 쓰인다.

【 고전음악 】

태국의 고전음악은 서양음악과는 다른 음조를 사용하지만, 인도네시아의 가믈란 음악을 아는 이라면 많은 유사점을 발견하게 될 것이다. 옥타브 안에 온음과 반음이 모두 있는 서양음악과는 달리, 태국음악은 온음으로 구성된 팔분음표 옥타브를 가지고 있다. 동남아시아 고전음악은 진정으로 '독특'하며 그 불협화음의 조화는 생음악으로 들을 기회가 있다면 특별한 기쁨을 안겨줄 것이다. 20세기에는 거의 고사되다시피 했으나 미국의 음악가 브루스 가스통과 태국의 라나트 연주자인 분용 깻콩Bunyong KetKhong이 새로이 생명을 불어넣었다. 중국의 총리 저우언라이는 분용 깻콩의 연주를 두고 "옥 접시에 진주가 구르는 소리"라고 표현하기도 했다.

사용되는 악기는 다음과 같다.

- 라나트 또는 태국식 실로폰. 보통은 살짝 휘어져서 배처럼 생겼다.
- 북(끌롱)은 다양한 형태와 크기를 지녔다. 낮은 북은 람마나라고 부른다.
- 큉은 징이다. 흔한 변형 가운데는 큉웡야이로, 동그란 틀에

여러 개의 징(콩)을 단 것이다.

- 소우는 활로 연주하는 현악기다. 소우의 몸통은 코코넛 껍질 반 개로 만든다.
- 칭은 심벌즈다.
- 대나무 파이프(피)는 오보에의 일종이다.
- 태국 고전무용 공연의 반주를 맡은 오케스트라는 삐팟 오케스트라라고 하는데, 일반적으로 라나드, 피, 칭, 쾽웡야이와 끌롱으로 구성된다.

【조각과 건축】

서양미술을 다채로운 양식과 시기로 구분하듯, 태국의 미술도 탱화와 불상의 양식에 따라 구분 지을 수 있다. 이 분류체계 자체는 시대에 뒤떨어지고 역사적으로 의문투성이지만, 방향성을 본다는 의미에서 기본지식을 갖추는 데 도움이 된다.

드바라바티 시대(6~12세기) 불상은 넓적한 얼굴과 반듯한 모양을 갖추고 있다. 남부의 스리비자야 시대(7~13세기)에는 이목구비의 균형이 잘 맞고 인도의 영향을 좀 더 뚜렷하게 드러낸다. 롭부리 양식은 좀 더 온화하고 자애롭다. 수코타이 시대(13~14세기)의 불상은 구불구불한 형태와 우아한 곡선, 그리고 타원형의 얼굴로 유명하다. 이 시기와 양식은 태국 문화의 황금기로 명성 높으며, 오늘날 대중문화에서 상당히 많이 재현되는 양식이다. 우통 또는 아유타야 초기시대(14세기)의 불상은 사각형에 가까운 얼굴과 두꺼운 입술, 미소 짓는 입매를 가지고 있다. 드바라바티와 크메르, 수코타이 양식이 융합됐다고 여겨지는 때가 바로 이 시기다. 아유타야 시기(15~18세기)에는 초기양식의 단순성에서 멀어지는 움직임을 보이며 형태들이 훨씬 더 화려해진다. 라타나코신 양식(18세기 말 이후 계속)은 짜끄리 왕조와 관련한 양식이다.

양식과는 상관없이 대부분의 불상은 팔리어 경전에서 발견되는 목록에서 유래한 다음의 특성이 있다. 즉, 머리 꼭대기의 돌기와 소용돌이를 그리는 곱슬머리, 길게 늘어진 귓불, 허리를 굽히지 않아도 무릎까지 닿을 만큼 긴 팔, 납작한 발바닥, 툭 튀어나온 발뒤꿈치 등이다.

부처는 대개 앉아 있는 자세로 표현되지만, 서 있거나 걷거나 비스듬히 기댄 자세로도 묘사된다. 기댄 자세는 열반에 드는 부처의 모습을 보여준다. 손 모양 역시 다양하게 많은데, 보통은 참선하는 모양, 깨달음을 입증하라고 땅의 신을 부르는 모양, 설법하는 모양, 두려움을 없애는 모양이 있다. 어떤 경우에 부처는 연꽃 위에 앉아 있고, 어떤 경우에는 똬리를 튼 뱀의 신 나가 안에 자리하고 있어서 힌두교 저승의 신이 어떻게 참선하는 부처를 비바람에서 구했는지 다시금 일깨워준다.

방콕의 왓 벤차마보핏은 대중들에게 대리석 사원으로 알려져 있는데, 회랑에는 52개의 불상이 진열되어 있다. 이 불상들은 라마 5세 재위 기간 모든 미술 양식의 전형들을 보여주기 위해 모은 것이다.

고전건축은 주로 사원과 궁궐 위주다. 최근 20세기까지 태국 문화는 서구문화와는 달리 유적과 문화재를 가치 있게 보

왓시춤의 불상으로, 수코타이의 유네스코 세계 문화유산 지역에 있는 유적의 일부다.

지 않았다. 이는 이러한 옛 시대로부터 살아남은 것들이 극히 드물다는 의미로, 일단 한 지역이 멸망하면 석조건축물은 파괴되고 다른 어딘가에서 재활용되는 경우가 자주 있었기 때문이었다. 유네스코가 아유타야, 수코타이, 스리 삿차날라이, 그리고 깜펭펫 등에 선정한 역사적인 공원에 가면 대폭 재건한 유적들을 볼 수 있다. 그 외에 소규모 유적지구들도 태국 곳곳에 퍼져 있다. 안타깝게도 다른 양식의 유서 깊은 건축에는 문화나 기후 모두 도움이 되지 않는다. 황폐하지만 매력적이었던 방콕의 마하칸 포트 지역은 그중에서 가장 오래 살아남은 사례였으나, 거주민들이 정부와의 오랜 투쟁에서 지고 말았고 2018년 그 지역에서 쫓겨났다. 그 이후 오래된 주택들은 철거되어 공원 조성을 위해 자리를 내주었다.

대중문화

【 대중극(리카이) 】

연주자들로 구성된 극단이 태국 전역에서, 가끔은 사원축제에서 공연한다. 배우들은 즉흥적으로 말장난과 시사 문제 등을 적절히 활용해가며 연극의 대화와 서정시, 줄거리 등을 지어낸다. 음악은 14개의 사탕수수 혹은 대나무로 구성된 일종의 하모니카(켄)로 연주된다.

【 영화 】

태국 전국에는 극장이 존재하며 태국인들은 영화 보러 가기를 좋아한다. 태국에서는 영화산업이 활발하게 운영되고 있으며 할리우드와 다른 아시아 제작사들이 촬영을 위해 자주 태국을 찾는다. 1990년대 후반 소위 태국의 뉴웨이브가 영화감

독 논지 니미부트르, 펜엑 라타나루앙, 그리고 위시트 사사나 티엥의 주도로 일어났다. 이들의 영화는 상당히 예술적이고 실험적이었으며, 국외로도 많은 영향을 미치면서 비평가들의 주목을 받고 전 세계적으로 상영됐다. 대표작으로는 논지의 〈낭낙〉, 위시트의 빼어나고 유쾌한 〈검은 호랑이의 눈물〉 등이 있다. 아마도 태국의 가장 두드러지는 예술가이자 영화제작자는 아핏차퐁 위라세타꾼일 것이다. 아핏차퐁은 국제적인 찬사를 받고 있으며, 칸 영화제에서 여러 차례 수상했다. 가장 주목할 만한 영화는 2010년 개봉한 〈엉클 분미〉다. 사실 아핏차퐁은 자신의 조국 내에서보다 밖에서 훨씬 더 많은 인기를 얻고 있다. 태국 당국은 그의 영화가 태국의 문화와 제도를 잠재적으로 부정적인 관점에서 보여준다는 의미에서 여러 차례 검열하고 비판해왔다.

【 대중음악 】

태국 대중음악의 유행은 몇 가지 경우를 제외하고는 대략 현재까지는 서양의 유행과 아주 유사하게 흘러가고 있다. 1970년대 플랭 프위아 치위 또는 '삶을 위한 노래'라는 이름으로 일어났던 저항적인 포크록 운동은 여러 유명 밴드를 탄생시켰다. 그 가운데 하나인 록밴드 카라바오의 음악은 현재 정치적인 색깔은 많이 옅어졌지만, 여전히 많은 사람들이 듣는다. 태국에서 인기 있는 장르 가운데 이산 지역에서 온 음악을 룩퉁 또는 '들판의 아이들'이라고 하는데, 여전히 인기가 매우 높으며 전국의 택시 라디오 등에서 심심치 않게 들을 수 있다. 오늘날 젊은 태국인들은 한국의 케이팝과 그 외의 유사한 외국 일렉트로닉 댄스에 열광한다.

【 유행춤 】

축하 행사에서 사람들이 무대에 올라 음악에 맞춰 몸을 흔들고 우아하게 손을 흔드는 일은 꽤나 흔하다. 이 춤은 람윙이라고 부르는데, 태국과 캄보디아, 라오스에서 즐겨 추는 춤이다. 태국인들은 외국인 여행자들이 이 춤에 합류하면, 아무리 초보처럼 춘다 해도 매우 기뻐한다. 람윙과 더불어 다른 지역에서도 여러 종류의 우아한 포크댄스를 추는데, 가끔 신내림 의식과 계절 축제에서도 볼 수 있다. 다채로운 기회가 있으니 기회가 있다면 참석해볼 만하다.

스포츠

【 태국복싱(무에타이) 】

태국복싱은 머리를 제외한 어느 신체 부위든 타격할 수 있는, 서서 하는 격투스포츠다. 보통은 주먹이나 발보다는 팔꿈치와 무릎으로 타격한 결과로 녹아웃된다. 거의 태국의 국가 스포츠이며 이제는 국제적으로도 인기가 높아서, 전 세계 격투기 선수들이 훈련을 받기 위해 태국으로 온다. 태국 전역에 훈련관과 경기장이 있지만, TV에 중계되는 경기는 방콕의 룸피니

와 라차담넌에서 열린다.

【 무술(크라비 크라봉) 】

태국에서는 칼과 막대, 곤봉, 미늘창(양손으로 사용하는 전투용 도끼)을 사용하는 여러 다양한 무술을 수련한다. 전국 곳곳의 테마파크와 레스토랑에서 시범경기를 볼 수 있지만, 태국복싱보다는 인기가 떨어진다.

【 투계 】

태국에서 투계는 상상 이상으로 인기가 많다. 태국인들이 합법적으로 도박을 할 수 있게 허용된 몇 안 되는 스포츠 가운데 하나인 만큼 엄중한 규제를 받는다. 당연한 일이지만, 이 스포츠가 수반하는 어느 정도의 불법적인 기운에 더해 음성적인 투계 문화가 존재한다. 그래서 외국인 관람객이 시합을 찾아서 관람하려면 힘들다. 유혈이 낭자한 시합을 원한다면 실망할 수도 있다. 시합은 항상 상상만큼 잔인한 것은 아니기 때문이다. 참신함을 원한다면 신문가판대에서 '이달의 닭'을 보여주는 부록이 딸린 어마어마하게 많은 투계 잡지를 살펴보자. 한편 태국인들은 물고기와 딱정벌레, 그리고 물소도 싸움

훈련을 시킨다.

【연날리기】

걷기에 인기 많은 오락 활동으로, '숫'연(쭐라)이 '암'연(쭉파오)을 옭아매기 위해 움직이는 연싸움도 유명하다. 연을 날릴 수 있는 주요 장소로는 방콕 왕궁 앞 사남루앙이 있다.

【타크로】

타크로Takraw 경기를 할 때는 등나무로 짠 공을 손을 사용하지 않고 계속 공중에 띄워야 하며, 태국 북부부터 남부까지 젊은 남성들이 팀을 이뤄 경기하는 모습을 볼 수 있다. 타크로를 변형한 경기는 농구와 유사한 규칙을 따른다.

그 외에도 태국에서 인기 있는 친숙한 스포츠로는 축구와 럭비, 경마, 골프 등이 있다. 그리고 경마와 골프는 상대적으로 배타적이고 엘리트적인 오락이다. 방콕에는 로얄터프클럽과 로얄방콕스포츠클럽이라는 두 곳의 경마장이 있으며 전국에 여러 골프장이 있다.

밤 문화

태국의 밤 문화는 놀라울 정도로 화려하며, 온갖 취향에 맞춰 줄 바와 펍, 레스토랑과 클럽 등이 생겨나면서 예전보다 훨씬 더 다양해졌다. 태국은 남성만을 위한 유흥국가라는 평판을 얻기도 했으나, 오늘날 이런 산업은 보통 감춰져 있거나 특별 지역 내로 제한되어 있다. 분명 태국의 밤 문화는 누구에게든 모든 이에게 열려 있다.

방콕은 음악 공연장부터 극장, 재즈바, 루프탑 레스토랑, 미술갤러리, 그리고 전통음악이나 무용공연 등 국제적인 도시에서 기대할 수 있는 모든 오락거리를 갖췄다. 바닷가 리조트는 카바레부터 해변에서 즐기는 유명한 풀문 파티까지 다양하게 외국인 여행자들을 위한 즐거움을 제공한다. 방콕의 영어신문 금요일판을 살펴보면 어떤 행사가 있는지 알 수 있다. 치앙마이, 후아힌, 파타야, 푸켓에는 인근 지역의 오락거리를 특별히 다루는 주간 영자지가 있다. 영업시간은 지역마다 다르며 지속적으로 변경된다. 현지 주민들에게 물으면 어떤 상황인지, 그리고 영업시간이 끝난 후 놀 수 있는 장소는 어디에 숨겨져 있는지 알 수 있을 것이다.

성 산업

태국의 성매매 종사자 수는 대략 15만 명에서 30만 명 사이다. 사람들이 추정하는 것과는 반대로 이 숫자의 대부분은 국내시장 종사자를 나타내며, 매춘관광산업의 종사자 수는 아니다. 국내 수요 위주의 매춘은 다양한 형태를 띠는데, '목욕과 마사지' 상점과 가라오케 바가 주를 이룬다. 세계에서 가장 오래된 이 산업은 오랫동안 태국 사회와 문화의 일부가 되어왔으며, 오늘날 공식적으로는 불법이지만 비공식적으로는 용인되고 있다.

대부분의 외국인 눈에 비치는 이 산업은 분명히 외국인을 상대로 하고 있으며 그 유래는 베트남전쟁 중 존재했던 미국인 R&R 구역이라는 것이다. 현재는 방콕과 파타야, 그 외 다른 지역 내 특정 구역에 조성되어 있는데, 호스티스 바와 고고 바, 그리고 클럽 등으로 구성되며 다른 지방에서 이주해온 소녀들이 압도적인 숫자로 근무하고 있다. 또한 여러 관광지에는 호스티스 바가 밀집되어 있는 소규모 지역도 존재한다. 악명 높은 방콕의 팟퐁 같은 일부 지역에서는 성 산업이 그 자체로 패러디되는데, 예를 들어 호기심 넘치고 얼빠진 남녀 여행자들을 노리는 값비싼 '펑퐁'쇼가 있다. 이때 이 여행자들의 대부분은 실제로 매춘부를 고용하려고 하지는 않을 것이다. 나나 플라자나 소이 카우보이 같은 지역들은 서양인 거주자와 여행자들을 대상으로 하지만, 오늘날 규제가 점차 엄격해지면서 구획된 고립지역이 되었다.

성 산업은 언제나 논란의 여지가 있고 분열을 초래할 수 있는 주제이며, 찬반 양측에게서 정통하고 중립적이며 냉철한 대화를 이끌어내기는 어렵다. 표면 아래에 존재하는 더 어두운 요소들을 부정할 수는 없으며, 호스티스들이 아무리 행복하고 안정된 모습으로 바에서 술을 마시고 흥청거려도, 이들은 거의 모두 사회적·경제적 압박, 현실과의 타협, 그리고 대안의 영원한 부재로 인해 그곳에서 인생을 마감하게 될 것이다. 그런데도 다른 지역의 성매매 종사자들과 비교해서는 독립성을 훨씬 더 많이 보장받고 의무는 훨씬 적게 진다. 또한 분명히 공장이나 다른 분야에서 근무하는 또래들과 비교해서 완전히 차별성을 가지면서 좀 더 사회적·물리적으로 이동 가능한 생활을 영위한다. 이런 식으로 인식되는 자유와 고향의 부모님께 더 많은 돈을 보낼 수 있다는 가능성 때문에 술집에서 일하는 것은 그럴듯한 선택지가 되고 만다.

대부분의 호스티스 바는 모든 손님을 환영하며, 남성 방문객들에게는 술을 마시고 대화를 나누면서 (크게 잃을 수밖에 없도록 설정된 오목 같은)게임을 하는 것 말고는 암묵적인 의무가 없다. 호스티스는 고객들이 사주는 음료 덕에 돈을 어느 정도, 혹은

• 두 가지 경고 •

매춘

태국은 1990년대 에이즈 창궐과 맞서 싸우는 데 매우 큰 성공을 거뒀지만, 말할 것도 없이 HIV와 다른 성병은 매춘부와 그 고객들에게 여전히 심각한 위협이 되고 있다. 섹스를 할 때는 콘돔을 사용하자. 콘돔을 가리키는 태국어는 '퉁양'이며, 약국 또는 어디에나 있는 편의점에서 폭넓게 구입할 수 있다. 미성년자 혹은 18세 미만의 매춘부와 섹스를 하는 것은 불법이며 그에 따라 처벌받게 된다.

마약

태국의 마약법은 극도로 엄격하며 아주 적은 양의 밀수 마약을 소지하는 것만으로도 장기 징역형을 받을 가능성이 있다. 외국인이라 해서 특별취급을 받지 않으며, 실제로는 시범사례로 걸리는 경우가 많다. 경찰은 어느 나라 출신인지에 따라, 그리고 개인의 운에 따라 다양한 수준에서 법을 집행한다.

꽤 많이 번다. 이 음료는 '레이디드링크'라는 이름으로 높은 가격에 팔린다. 조금 더 길게 호스티스를 곁에 앉히고 대화를 나누고 싶다면 술을 사는 게 관례다.

07

여행 이모저모

태국은 잘 관리되는 도로와 잘 개발된 대중교통망 등 훌륭한 교통 인프라를 갖췄다. 숙소는 주요 도심지에 훌륭하고 풍족하게 마련되어 있으며 더 작은 도시에서 갈 수 있는 호텔들은 적당한 수준보다 넘어서 더 뛰어나다. 정말로 원하는 것이 아니라면 '불편하게 지낼' 필요가 전혀 없다.

여행의 용이성

태국이 지닌 매력의 또 다른 면은 가장 멀고 길들지 않은 지역을 포함해 나라 곳곳을 여행하기에 어렵지 않다는 점이다. 태국은 잘 관리되는 도로와 잘 개발된 대중교통망 등 훌륭한 교통 인프라를 갖췄다. 숙소는 주요 도심지에 훌륭하고 풍족하게 마련되어 있으며 더 작은 도시에서 갈 수 있는 호텔들은 적당한 수준보다 넘어서 더 뛰어나다. 정말로 원하는 것이 아니라면 '불편하게 지낼' 필요가 전혀 없다.

일자리를 위해 방콕과 그 외의 지역으로 이주하는 수백만 명을 포함해 태국인들은 여행을 다니는 데 아주 익숙하며 자기네 나라를 아주 열정적으로 여행한다. 대부분의 사원과 리조트, 국립공원, 그리고 다른 관광지들은 눈에 잘 띄는 어딘가에 사진 잘 받는 커다란 표지판을 설치해서 태국인들이 페이스북에 '체크인'할 수 있게 해두었다. 국내 관광산업은 실제로 규모 측면에서 외국인을 대상으로 한 관광산업보다 훨씬 더 크다.

버스나 기차여행은 훨씬 더 저렴하며 특히 외국인 여행자만을 대상으로 하는 서비스만큼이나 편리하다. 대부분 태국인은 우호적이고 기꺼이 도와주며, 최소한의 영어는 통한다는 것을 깨달을 것이다. 이제는 태국 어디를 가나 ATM이 있지만 언제나 태국환을 소액권으로 넉넉히 지니는 것이 좋다. 특히 지방을 여행할 때는 더욱 그렇다.

입국

방콕을 방문하는 여행자들은 대부분 2007년 주요 국제공항으로서 돈무앙 공항을 대체하게 된 수완나품 공항에 도착하게 된다. 대략 도심으로부터 30km 떨어진 곳에 위치한 이 공항은 전체 563,000m²(170,308평)에 이르는 거대한 4층짜리 터미널을 자랑한다. 2020년 코로나바이러스 팬데믹이 닥치기 전까지 수완나품 공항은 연간 약 6천만 명의 승객들을 수용해서 아시아에서 11번째로 바쁜 공항이 되었다. 입국장은 2층이며 방콕이나 기타 지역으로 이동하기 위해서는 1층으로 내려와야 한다. 택시와 공항리무진뿐만 아니라 고속으로 달리는 새로운 레일 링크가 생겨서 약 20분 만에 방콕 중심부까지 재빨리 갈 수 있다. 방콕 북부에 있는 옛 국제공항인 돈무앙 공항은 에어아시아, 녹에어 등의 저가항공사와 그 외에 국내선 비행기가 사용한다.

일부 지방 공항, 특히 치앙마이와 푸켓공항에서는 국제선 직항노선이 있어서 방콕에서 환승해야 하는 수요를 줄여준다. 말레이시아에서 방콕까지 국제 고속열차를 타고 왔을 때 종착역은 방콕 중심부에 있는 후아람퐁 기차역이며, 여기에서 방콕의 효율적인 MRT 지하철로 연결된다.

비자

대부분의 외국인 여행자들은 도착 즉시 '비자면제도장'을 받게 되며, 태국 내에서 30일 동안 여행을 할 수 있다. 비자면제국가가 아니거나 30일 이상 체류하기로 계획하는 경우, 혹은 태국에서 일을 하려면 입국 전에 태국대사관이나 영사관에 비자 신청을 해야 한다. 관광비자는 60일간 체류가 가능하며 이후 30일까지 연장할 수 있다. 취업비자 및 학생비자 역시 가능하며, 태국 국민과 결혼한 이들을 위한 특별비자도 있다.

비자 상태는 예전보다 변경이 어려워졌다. 이는 6개월 이상

BTS 스카이트레인은 방콕의 붐비는 거리 위로 통근자들을 실어 나른다.

태국에 체류하고 싶다면 몇 가지 관료적인 관문을 거쳐야만 한다는 의미다. 규정은 지방마다 다르게 적용되며, 겉보기에 제멋대로 갑작스레 변경될 수 있다.

방콕의 교통

방콕의 도로는 엄청나게 혼잡해서, 목적지에 도착하려면 예상보다 훨씬 더 오래 걸릴 수도 있다. 다행히도 방콕을 여기저기 돌아다닐 수 있는 다양한 방법들이 있는데, 일단 방콕식에 익숙해지면 도시를 돌아다니는 일이 금세 쉽고 재미있어진다. 어떤 형태의 대중교통을 택했든 언제나 승려들이 앉을 수 있게 남겨둔 자리가 있고, 빈자리가 없을 때면 속세의 사람들은 승려들에게 기꺼이 자리를 내어준다. 태국에서 이동하고 여행을 계획할 때 필요한 앱은 이 책의 부록 '유용한 앱'을 참고하자.

【 스카이트레인과 지하철 】

방콕의 지상철인 스카이트레인[BTS]은 방콕 중심가를 돌아다니기에 싸고 편안하며 효율적인 교통수단이다. 비록 출퇴근 시간에는 상당히 정신없이 복작거리지만 말이다. 여러 BTS 역이 지하철역과 연결되어 있어서 노선을 갈아타기가 쉽고, 다닐 수 있는 경로도 더 길어진다. 노선도는 모든 역에서뿐 아니라 승차권 뒷면에서도 볼 수 있다.

【버스】

방콕에는 가지각색 차량이 운행하는 버스가 다양하다. 가장 저렴한 버스는 에어컨이 없고, 활짝 열린 창문으로 온갖 매연이 다 들어온다. 짧은 여정으로 방콕에 왔다면 이 버스를 타는 게 단연코 가장 싸게 여행하는 방법이다. 모든 버스에는 안내원이 함께 타는데 보통은 여성으로, 승객에게 다가와서 요금을 받는다. 영어는 거의 할 줄 모르니, 그냥 목적지의 이름만 대면 안내원이 차표 값이 적힌 공책을 열어 손가락으로 짚어줄 것이다. 안내원은 액수가 큰 지폐는 거슬러주지 않으므로 잔돈을 준비하자. 목적지에 도착했을 때 안내원이 알려주길 원한다면, 차비를 내면서 "복 두-아이 캅(남자는 '캅' 여자는 '카'라고 한다)"이라고 말해놓자.

【택시】

방콕의 택시는 35바트(약 1,250원, 2019년 8월 기준)부터 시작하는
표준 미터기를 사용해야 하며 목적지에 상관없이 모든 승객
을 받게 되어 있다. 실제로는 대부분의 택시가 승객이 요청한
다면 미터기를 켜겠지만, 차에 올라타기 전에 그렇게 해줄 것
인지 항상 확인하도록 하자. 택시 서너 대를 보내고 나서야 그
승객을 태워주는 택시를 만날 수 있는 경우는 꽤나 흔하다. 이
런 일이 벌어지는 이유 가운데 하나는 대다수의 택시는 도시
의 특정 구역만 돌아다니길 바라는 데 있다. 더 멀리 운전했다

가는 승객도 태우지 못한 채 심각한 교통체증에 꼼짝없이 걸려버릴 수도 있기 때문이다.

안타깝게도 일부 택시는 특히 외국인 승객에게 가짜 할증료를 뒤집어씌우려고 하므로, 이럴 때는 재빨리 거설해야 한다. 그러나 승객이 고속도로 통행료를 내는 것은 관행이다. 그랩Grab은 언제나 유용하게 쓸 수 있는 태국의 택시 호출 앱으로, 안전하고 믿을 만하다. 방콕에 처음 온 사람이라면 앱을 사용하자. 그래야 제멋대로 바가지요금을 씌우는 일부 택시 기사들을 막을 수 있으며, 목적지를 혼동할 가능성도 없애준다.

툭툭은 전통적으로 택시보다 더 저렴하지만, 요즘 툭툭 기사들은 여행자들에게 정당한 가격을 받는 법이 거의 없다. 기사들은 자기가 모는 툭툭의 신기하고 상징적인 특성을 잘 알고 있고, 많은 경우에 뭔가 합당한 가격에 가깝게 깎으려는 시도를 굳이 받아주기보다 그냥 내버려 두고 좀 더 잘 속아 넘어가는 다른 손님을 찾아 가버릴 수 있다. 정반대로, 의심쩍을 정도로 낮은 가격을 제시하는 기사는 아마도 손님이 원하든 말든, 손님을 데려온 대가로 커미션을 지불하는 가게나 호텔로 데려갈 가능성이 높다. 게다가 툭툭은 자동차만큼이나 교통체증에 잘 걸리고, 주변 차량들이 가차 없이 내뿜는 배기가스에 꼼짝없이 노출되며, 키가 큰 손님이라면 머리를 덮는 지붕이 완전히 시야를 가려버릴 것이다.

오토바이 택시는 시내를 돌아다니기에 아주 유용한 수단이다. 그 여정은 머리가 쭈뼛 설 정도로 아슬아슬하지만 빽빽한 차 사이를 거의 막힘없이 지나갈 수 있다. 오토바이 택시 기사들은 주황색 조끼로 알아볼 수 있다. 이 조끼는 기사가 어느 택시회사에 속해 있고 어느 지역에서 운행하는지 알려 준다. 가끔은 길가에 기사들이 다닥다닥 앉아 있는 모습을 볼 수도 있다. 태국 사람들은 십 분 정도 짧은 거리를 움직일 때 오토

주황색 조끼를 입은 오토바이 택시 기사들이 재빨리 채어갈 손님들을 기다리고 있다.

바이를 탄다. 경로마다 정해진 요금이 있어서, 보통은 기사가 앉은 자리 근처 비닐판 위에 인쇄되어 있다. 오토바이 택시를 타고 더 멀리 가고 싶다면 가격을 꼭 흥정해야 한다.

【 수상 교통 】

방콕의 수로를 따라 여행하는 것은 도시를 다니기에 저렴하고도 믿을 만한 또 하나의 방법이다. 가장 즐거운 교통수단이기도 하면서, 산들바람을 맞으며 도시를 구경하고 탐험하기에 딱 좋은 위치를 제공한다. 차오프라야강에는 여러 스카이트레인 역과 다른 유명 관광지를 이어주는 배편이 운행하며, 광범위하게 돌아다니는 운하버스^{Canal Boat}로는 방콕의 구시가지와 신시가지 도처에 운하 양옆으로 위태롭게 매달린 빈민가 집들을 잇는 별세계 같은 연결망을 누빌 수 있다. 집표원이 특별한 호루라기 소리로 운전사와 어떻게 소통하는지를 보면 감탄이 절로 나온다. 승객들은 배에서 휘날리는 깃발 색깔로 어느 노선에 탔는지 알 수 있으며, 검은 깃발은 일반적으로 저녁 7시쯤 운행되는 그 날의 마지막 보트라는 의미다. 또한 조금 비싸기는 하지만 가장 인기 있는 관광지들을 이어주는 관광객 전용 배편도 있다(파란 깃발로 알 수 있다). 강과 운하를 다니는 가

장 일반적인 승선표는 10바트(약 360원)에서 30바트(약 1,070원) 사이다.

【 렌터카 】

방콕에는 다국적기업보다 더 괜찮은 가격을 제시하는 훌륭한 현지 렌터카 회사가 여럿 있다. 차량과 함께 기사를 고용하는 쪽을 더 선호할 수도 있는데, 그럴 때는 렌터카 비용의 반 정도를 더 부담하면 된다. 영국과 호주에서 그러하듯 좌측통행이며, 그럭저럭 교통 법규라 할 만한 것이 존재하긴 하지만 대부분 운전자들은 이를 무시해버리는 것 같다. 공격적으로 운전할 채비를 하고, "덤비는 자가 승리한다"를 좌우명으로 삼자. 꽉 막힌 도로 위에 앉아서 상당한 시간을 보낼 각오도 해야 한다.

비공식적으로는 오토바이도 빌릴 수 있다. 방콕에서는 그다지 빌릴 곳이 많지 않지만, 태국 다른 지방에서는 꽤나 자주 볼 수 있다.

【도보】

도시의 다양한 구역은 끈기 있고 호기심 많은 도보 여행자들에게 보물과 같고, 방콕이 처음인 사람은 지역에 따라 광경과 냄새, 소리에 취해 푹 빠져버릴 수도 있다. 도시의 사통팔달한 대중교통망 덕에 너무 멀리 가버리거나 길을 잃을까 봐 걱정할 필요는 없다. 그러나 찜통처럼 덥고 후덥지근하며 교통도 혼잡한 만큼 천천히 걷고, 물을 충분히 마시며, 정신을 똑바로 차리도록 하자.

지방의 교통

【항공】

타이항공, 에어아시아, 방콕에어웨이, 녹에어 등 다수의 항공사가 방콕에서 지방 공항까지 정기적으로 운항한다. 급히 움직여야 하는 경우 선택해야 할 교통수단이다.

【기차】

태국을 돌아다니기에 훌륭하고 안전한 방법이다. 기차는 방콕에서 시작해 북동부로는 치앙마이, 농카이(이곳에서 라오스까지 가는 셔틀 기차를 탈 수 있다)와 우본까지, 동부로는 아란야프라텟, 서부로는 깐짜나부리, 그리고 남쪽으로는 핫야이를 거쳐 쿠알라룸푸르와 싱가포르까지 달린다. 객차는 세 등급으로 나뉘며 일부 장거리 노선에는 침대차(미리 예약 가능하다)를 갖춘 야간열차도 있다. 일부 기차와 침대차, 냉방차 등은 추가로 비용을 지불하면 된다. 운임은 태국 철도청 웹사이트(www.railway.co.th)에 확인할 수 있다.

　　대부분 태국 철도체계는 단선이며, 기차들은 느긋하게 달리는 경향이 있다. 정부가 고속철도를 도입하려고 오랫동안 노력

깐짜나부리의 버마철도. 건설과정에서 수많은 사람이 희생되어 '죽음의 철도'로도 알려져 있다.

을 기울였지만, 아직은 미진하다. 3등 칸만 있고 좌석도 비좁은 디젤동차가 소위 고속열차보다 빨리 달릴 수도 있다.

【버스】

지역을 이동하기에 가장 저렴한 방식이다. 국영인 BKS 버스회사('버커서'라고 부른다)는 방콕의 버스터미널 4곳에서부터 전 지역으로 주황색 장거리 버스를 보낸다.

냉방이 되는 장거리 버스는 일부 도시까지 가며, 현지 여행사는 호텔에서 손님을 태우고 리조트까지 보내주는 버스 서비스를 운영한다. 두 가지 모두 상당히 비싸다. 예를 들어 방콕부터 치앙마이까지 가는 아주 먼 장거리 여행일 경우 버스 여행은 권하고 싶지 않다. 기차와 비행기가 훨씬 더 편안하다. 지방마다 단거리 노선을 운영하는 지방 버스회사가 있지만, 좌석이 편하지는 않다.

방콕부터 주변 교외 지역까지 가는 비공식적인 미니버스 서비스도 있다. 보통은 승객을 빽빽하게 태우기 때문에 폐소공포증을 유발할 정도며, 미니버스 운전사는 공격적인 운전으로 악명높기도 하다.

【 택시 】

지방 도시에서는 탈 만한 택시를 찾을 수 있지만, 더 작은 도시에서는 삼륜 택시나 동력식 툭툭(쌈러)을 타는 것이 더 나을 때도 있다. 그러나 미리 요금을 협의하도록 하자. 도시 외의 지역에서는 합승 택시(쌩태우)가 돌아다니기에 편할 수도 있다. 쌩태우는 보통 뒷부분에 좌석을 만든 작은 픽업트럭으로, 정해진 노선을 왕복하며 자주 운행한다. 보통은 운임이 저렴하지만 여행자들에게는 바가지를 씌울 수 있으니 주의하자. 특히 쌩태우를 '레드 카'라고 부르는 치앙마이 지역이 그렇다.

【 수상 교통 】

엔진이 달린 롱테일보트가 중앙평원과 강들을 잇는 광범위한 운하망을 누빈다.

【 직접 운전 】

태국은 일부 고속도로를 포함해 잘 관리된 주요 도로망을 훌륭하게 갖췄고 지방에서는 교통체증도 드물다. 그런 점에서 운전은 태국을 돌아다니기에 좋은 방법이다. 차를 빌리는 경우에 렌터카 비용에 보험이 포함되어 있는지 확인하자. 태국의 운전은 제멋대로이며 많은 운전사들이 도로에서 다른 차들을 거의 신경 쓰지 않는 것처럼 보인다. 외국인 운전사는 태국 운전면허증을 취득하게 되어 있으나 대개는 국제면허증으로 충분하다. 휘발유에 부과되는 세금이 낮아서 유럽 기준에서 놀라울 정도로 저렴하다.

태국, 특히 북부 지역은 오토바이를 타는 이들에게 환상적이며, 태국을 둘러보기에 훌륭한 방법이다. 당일 여행을 하든, 지방 여행을 계획하든 간에 대부분의 도심에서 갖가지 크기의 오토바이를 빌릴 수 있다.

명절 기간에는 도로가 위험할 수 있음을 잊지 말자. 특히

4월 송끄란 축제가 열리는 동안 대중교통으로는 감당하기 어려워지고 도로는 몹시도 붐빈다. 이 시기 동안 교통사고 건수가 급증하는 것으로 알려져 있다.

시내에는 경찰들이 검문소를 여러 곳에 세우는 것이 흔하다. 경찰들은 무면허 운전자나 음주 운전자, 헬멧을 쓰지 않은 오토바이 운전자, 기한이 지난 차량번호판 등을 단속한다. 위반한 사실을 적발당한 경우 딱지를 떼고 범칙금이 부과되는데, 범칙금은 경찰서에서 지불하거나 또는 현장에서 직접 내라는 요청을 받을 수도 있다. 해가 저문 후 음주운전에 적발되는 경우, 그 자리에서 엄청나게 큰돈을 지불하지 않는 이상 유치장에서 하룻밤을 보내고 정식기소를 당할 가능성도 있다.

숙박

방콕과 치앙마이, 그 외에 다른 지방 중심지에서 머무는 여행자들은 어떤 예산에나 맞출 수 있는 호텔과 리조트, 게스트하우스 덕에 선택이 자유롭다. 그리고 사실상 태국 어느 도시에 가든 적어도 한두 곳 이상의 소규모 호텔이 있다. 성수기에 여

행한다면 미리 숙소를 예약하는 것이 현명하다. 아고다 ^{agoda.com}
나 부킹닷컴 ^{booking.com} 같은 웹사이트에서 어떤 숙소가 가능한
지 알아볼 수 있다.

에어비앤비는 태국, 그중에서도 방콕에서 아주 인기가 높
다. 그러나 모든 숙박 서비스가 외국인 숙박객의 정보를 기록
하고 당국에 제출하도록 하는 법 탓에 에어비앤비는 불법이
다. 용인하는 중인지 혹은 그저 법을 집행하기가 불가능한 탓
인지 간에 에어비앤비 숙박은 현재 아무런 문제 없이 운영되
는 것으로 보인다.

안전과 위험

태국은 전반적으로 매우 안전한 나라이며 그런 점에서 여러
서양 국가에 비견할 만하다. 그래도 분명 범죄는 발생하며 통
상적인 수준의 주의는 꼭 필요하다. 예를 들어 사람이 붐비는
곳에서는 돈과 개인 소지품이 안전한지 확인해야 하고, 다른
사람들이 다 그렇게 한다 해도 짐을 그냥 내버려 두어서는 안
된다.

혼자 여행하는 여성은 반드시 밤에 조심해야 하고, 특히 새벽 시간대에 숙소로 걸어 들어갈 때 더욱 조심해야 한다. 바나 클럽에 갔을 때는 음료수에서 항상 눈을 떼지 말아야 한다. 술에 마약을 몰래 섞는 사건은 통계상으로는 매우 드물지만 분명 일어나는 일이다. 밤에는 문과 창문이 잘 닫혀 있는지도 확인하는 것이 좋겠다. 절도사건은 집에 사람들이 집에 있어도 벌어진다고 알려져 있기 때문이다. 필요한 경우 1155번으로 전화를 하면 영어를 할 줄 아는 관광 경찰과 연결된다.

특히 방콕에서는 사기꾼들이 극성을 부리는데, 과하게 친근하게 굴거나 아부하는 태도로 쉽게 알아볼 수 있다. 낯선 사람이 접근해서 함께 어디론가 가자고 초대한 경우 사기일 경우가 높다. 가끔은 여행자를 보석 가게나 다른 상점으로 인도해서 돈을 내놓도록 속이는 경우도 있다. 또는 부정한 수법으로 조작한 게임에 돈을 걸도록 하기도 한다. 도박은 태국에서 불법이므로 이런 식의 사기에서 피해자가 되어도 구제받을 길이 없다. 마약을 구매하거나 사용하려는 이들을 노리는 사기도 있으며, 방콕에서 경찰은 주기적으로 밤늦게 바와 클럽 근처에 있는 여행자들을 세워두고 검문하기도 한다.

법에 따르면 외국인들은 항상 여권을 소지해야 하지만 강

제적으로 집행되는 일은 거의 없다. 그러나 신분과 입국 도장
이 잘 보이는 여권 사본을 가지고 다니는 것이 좋겠다.

건강 문제

태국 여행과 관련해 건강상 심각하게 우려할 부분은 없지만,
출발하기 전에 언제나 주치의와 상의를 하고 정부가 공식적으
로 내놓은 건강 조언은 익혀놓도록 하자. 적도 인근의 국가를
여행해본 적 없는 사람은 꼭 접종해야 할 백신이나 부스터 샷
이 있을 수 있다. 말라리아와 기타 모기 관련 질병은 특히 접
경지역에서 위험할 수 있으나 벌레 퇴치 로션이나 스프레이가
벌레로부터 안전하게 지켜줄 것이다. 밤에는 항상 방충망과 모
기장을 사용하도록 하자.

　대부분의 사람에게는 새로운 환경과 음식에 신체적으로 적
응하는 데 어느 정도 시간이 필요하며, 여행자설사는 흔한 질
병이다. 여행자설사는 물을 많이 마시고 개인위생을 철저히
하자. 설사에 열이나 다른 증상이 수반되거나 며칠 이상 지속
된다면 반드시 의사의 도움을 받아야 한다.

온대기후 지역에서 온 여행자라면 태국에서 적도의 열기와 습도에 익숙해지기까지 시간이 걸릴 수도 있다. 물을 많이 마시고, 술을 마실 때 탈수가 되지 않도록 조심하자. 모자와 선글라스로 태양으로부터 몸을 보호하자. 특히 햇볕이 가장 강한 정오 시간대에는 더욱 주의가 필요하다. 평상시와는 달리 피로가 느껴진다면 수분 보충제를 조금 섭취하거나 물에 소금과 설탕을 약간 첨가하자. 일반적으로 적응 기간에는 천천히 일을 처리해야 한다.

태국은 의료 수준이 뛰어나서 이제는 전국의 의료관광객들을 끌어모으고 있다. 약을 잘 갖춘 약국들이 많아서 아주 흔한 질병의 경우 현지의 의약품과 국제적인 의약품 모두 찾아볼 수 있다. 필요하다면 병원을 곧장 방문하자. 보통은 오래 기다리지 않고도 의사에게 진찰받을 수 있다. 태국에 입국하기 전에 적합한 의료보험과 여행자보험에 가입했는지 확인해보자.

08

비즈니스 현황

태국 경제는 1997년 금융위기와 여러 차례의 자연재해, 그리고 한동안 그 장기적인 여파가 인류에게 있을 2020년의 세계적인 코로나바이러스 팬데믹 등을 포함해 최근 역사에서 상당한 타격을 견뎌왔다. 그러나 태국의 경제는 회복탄력성을 갖췄음을 증명했으며 여전히 투자에 개방적이다.

태국은 5,430억 달러를 초과하는 GDP를 가진, 동남아시아에서 인도네시아 다음으로 경제 규모가 큰 국가다. 태국은 정치적인 불안성이 있지만 자유시장경제 체제와 우호적인 사업 환경으로 대규모 외국 투자를 끌어들이고 있으며, 국제적인 여행과 무역의 지역적 중심지이기도 하다. 수출은 태국 GDP의 3분의 2를 차지하며 서비스업과 제조업이 주요한 역할을 맡고 있다. 한때 태국 경제에서 가장 큰 부분을 차지했던 농업은 여전히 실질적인 고용주로서 태국 노동인구의 30% 이상을 고용하고 있음에도 현재 GDP의 8.4%만 차지할 뿐이다.

태국 경제는 1997년 금융위기와 여러 차례의 자연재해, 그리고 한동안 그 장기적인 여파가 인류에게 있을 2020년의 세계적인 코로나바이러스 팬데믹 등을 포함해 최근 역사에서 상당한 타격을 견뎌왔다. 그러나 태국의 경제는 회복탄력성을 갖췄음을 증명했으며 여전히 투자에 개방적이다.

필수적인 준비

태국을 찾는 방문객 가운데에는 여행자가 압도적으로 많지만

적지 않은 수의 사람들이 일과 관련된 이유로 태국을 찾는다. 물건을 팔려고, 투자를 하려고, 회사를 세우려고, 원조를 하려고, 자문에 응하려고, 태국에 관한 글을 쓰려고, 강의를 하려고 등이다. 이런 부류에 속하는 사람이라면 마음속에 분명한 목표를 가지고 태국에 도착할 것이고, 자연스레 노력이 성공으로 이어지기를 바랄 것이다.

그렇다고 언제나 성공이 보장되지는 않는다. 어떤 방문객은 목적을 달성하는 데 크게 실패한 뒤 낙담한 채 경쟁에서 물러나면서, 태국인들은 비협조적이고 능력이 없으며 폐쇄적이라서 새로운 생각을 받아들이지 않는다고 비난할 수도 있다. 그러나 아마도 대부분의 책임은 태국인들에게 있는 것이 아니라, 태국을 찾는 이들이 행한 방식에 있을 것이다. 이들은 현지의 태도와 풍습을 이해하려 하지 않았고, 그에 따라 적응에 실패했던 것이다.

태국에 도착한 거의 모든 외국인은 이미 내재된 불리함으로 인해 고통받는다. 만나는 태국인들은 외국인 방문객과 일하는 법을 외국인 자신보다 더 많이 알고 있다. 영국 축구의 프리미어 디비전에서 누가 누구인지 알고 싶다면 태국인에게 물어보는 게 최고다.

놀라울 정도로 많은 태국인들, 특히 젊은 세대들이 미국, 호주, 뉴질랜드, 유럽, 그 외의 아시아 국가 등 해외에서 공부한다. 그러나 그렇다고 해서 이들이 태국만의 가치와 삶의 방식을 포기하고 외국의 라이프스타일과 태도를 호의적으로 받아들인다는 의미는 아니다.

상당히 많은 수의 단체들로부터 조언을 얻을 수 있는 만큼, 무지한 상태로 태국에 입국하는 것은 결코 정당화될 수 없다. 여러 국가들이 방콕에 상공회의소를 설치했으며, 태국 투자위원회[BOI](https://www.boi.go.th/en/index/) 등 정보를 제공하는 정부 및 민간 웹사이트가 많다. 어떻게 투자를 진행할지 조언해줄 수 있는 각 나라의 여러 정보 제공 단체를 그냥 넘기지 말자.

태국식 비즈니스

태국 기업과 거래를 하거나 태국에서 기업을 설립할 때, 기업들이 서양의 기업들과 같은 방식으로 운영될 것으로 넘겨짚지 말자. 태국에서는 일본과 마찬가지로 조직이 집단적으로 운영되는 것이 아니라 한 사람에 의해 움직인다. 그 사람은 권한을 행사할 수 있고 존경받을 수 있는 그런 사람이어야 한다. 그 인물은 나이가 많고 더 중요할수록 더 크게 존경받게 된다. 태국 근로자들은 상사에게 충성하며, 상사가 요구하는 일은 모두 해낸다.

그러나 관리자의 역할은 일의 목표를 달성하는 데 국한되지 않으며, 다른 영역에까지 미친다. 태국 사회에서 상급자는 자신의 책임하에 있는 이들에 대해 의무를 지며, 이들을 친절하게 대하고 그 복지에 관심을 기울인다. 가끔은 실수를 무마해주기도 한다. 직원들은 종종 관리자를 후견인으로 여기며, 관리자가 직원들의 친인척이 직업을 찾는 일부터 결혼식 주례를 보는 일까지 도와주기를 기대한다.

관리자에게는 권력을 행사하면서도 직원들을 돌봐줄 수 있는 균형 감각이 필요하다. 관리자가 직원을 잘 돌보면 직원들로부터 존경과 충성을 얻을 수 있으며, 직원들은 그 관리자가 필요할 때 추가적인 업무도 기꺼이 할 준비가 되어 있을 것이다. 그러나 부하들과 깊이 있고 신뢰 있는 관계 쌓기에 실패했다면, 입지는 약해질 수밖에 없다.

서양의 기업들에서는 성과가 낮은 직원들을 해고하는 일이 흔하지만, 태국 기업은 다르다. 누군가를 무능이나 게으름 때문에 해고하는 일은 태국 기업문화에서 최후의, 정말 최후의 수단이다. 누군가를 나무랄 일이 있다면 조심스레 접근하자. 칭찬은 책망보다 훨씬 더 큰 동기부여책이 될 가능성이 높다.

태국 내에 계열사를 거느린 일부 외국계 기업들은 이를 악물고 현지 관리자를 해고하는 것으로도 유명한데, 이런 행동은 의도치 않게 좋지 않은 결과로 이어질 수 있다.

신뢰 구축

태국인들은 자기가 알고 신뢰하는 사람과 사업하기를 선호한다. 따라서 훌륭한 업무 관계를 구축하는 것이 우선순위가 되어야 한다. 여기에는 필연적으로 시간이 필요하며, 참을성이 필수다. 그 누구라도 어느 날 방콕에 도착해서, 서명을 하고 밀봉해서 전달된 계약서를 들고 다음 날 떠날 수 없다.

첫인상이 중요하며, 그렇기 때문에 특히 드레스코드를 엄격하게 준수해야 한다. 이 도시의 뜨겁고 끈적끈적한 날씨에 사람들이 편안하게 옷을 입을 것이라 상상할 수도 있겠지만, 오산이다. 태국인들은 회의나 그 어떤 사업적인 약속에도 예의

바르게 옷을 차려입는다.

이곳의 생활을 견디기 위해서는 처음에 가벼운 맞춤형 정장에 투자하는 것이 좋다. 일단 시차에 적응하는 동안 현지의 인도계 혹은 중국계 양장점이 24시간 이내에 부리나케 정장을 지어줄 것이다. 앞으로 방문할 모든 건물이 과하게 냉방을 틀어놓는다는 사실도 염두에 두자.

근무시간 외에 격식 없는 모임에서는 말쑥해 보이기만 한다면, 좀 더 캐주얼한 옷차림도 가끔 입는다. 밝은색의 태국 면 또는 타이실크 셔츠는 이런 경우에 아주 유용하게 입을 수 있지만, 창피한 상황을 피하기 위해 드레스코드가 어떤지 확인하는 것이 현명하다. 몸단장과 위생에 특별한 관심을 기울이는 것이 필수다.

사교모임은 신뢰를 얻을 수 있는 방법 가운데 하나이므로 중요성을 과소평가하지 말자. 또한 식사하는 동안 공식회의에서는 나오지 않는 유용한 정보들을 얻게 될 수도 있다. 영어가 유창하지 않아서 공식회의에서 의견을 입 밖에 내는 것을 자제하는 태국인들은 좀 더 편안한 환경에서는 마음을 터놓을 가능성이 매우 높다.

따라서 사교적인 기술을 가다듬을 각오를 하고, 사이좋게 잡담하며 보내는 시간이 가끔은 제대로 시간을 보낸 것임을 깨닫도록 하자. 그러나 예의의 원칙을 잊을 정도로 지나치게 긴장을 풀지 않도록 하자. 금기시된 주제에서는 말을 돌리고, 제대로 전달되지 않을 가능성이 있는 농담은 하지 말자. 적당한 아부는 언제나 효과가 좋다는 것을 기억하자.

회의

외국인 방문객들은 하루에 여러 건의 회의를 억지로 쑤셔 넣을 수 있다는 가정하에 빽빽한 스케줄을 잡는다. 대부분의 회의가 열리는 방콕에서 이런 스케줄은 솔직히 비현실적이다. 회의가 서로 다른 장소에서 열린다면, 한 장소에서 다른 장소로 움직이는 데 상당한 시간을 할애해야 할 것이다. 게다가 통역사를 통해 일을 한다면 회의는 예상보다 더욱 길어진다.

　고려해야 할 또 다른 요소는 회의의 타이밍이다. 12시 회의는 태국인들이 점심을 먹는 시간이기 때문에 무조건 피해야 한다. 정부기관에서 공무원들은 오후가 끝나기도 전에 퇴근하기 시작한다. 아침 8시 30분에 만나자는 요청이 와도 놀라지 말자. 많은 사람들이 책상 앞에 도착하는 시간이기 때문이다. 시간 약속에 대한 태국인들의 태도는 미치도록 일관성 없지만 약속 시간을 준수하는 사람은 언제나 주목과 감사를 받을 것이다.

회의는 여러 사람이 참여한 공식적인 자리다. 다만 참석자 중 일부는 거의 아무 말도 하지 않을 수 있다. 태국인들은 의견 말하기를 억제당하는 교육적 전통 속에서 자라왔기 때문에 브레인스토밍 과정은 거의 의미가 없다. 틀릴까 봐 혹은 비난 받을까 봐 느끼는 두려움은 보통 창의성이나 혁신으로 감명을 주고 싶다는 욕망보다 앞선다. 타당한 의견을 가졌을 때조차 부하직원들은 자신의 상급자를 공경하는 의미에서 공개적으로 발표하는 것을 선호하지 않는다.

태국인들은 외국인 방문객들의 이야기에 정중하게 귀를 기울이고, 통역과 논의를 위해 잠시 시간을 가질 것이다. 이들은 마치 동의한다는 듯 웃으며 고개를 끄덕이겠지만, 서로 견해가 일치하는 것이 확실하다고 추측해서는 안 된다. 또한 회의는 결론을 내지 못하고 끝이 날 수도 있지만, 그렇다고 해서 반드시 나쁜 징조는 아니다.

회의가 진행되는 동안 핵심 인물 또는 의사결정권자의 정체를 밝혀줄 단서를 찾아보는 것이 중요하다. 특히 회의 시작부터 이러한 부분이 확실치 않다면 더욱 주의를 기울여야 한다. 태국조직은 위계적인 성향이 강하므로, 젊은 사람보다는 나이가 많은 사람이 중요 인물일 가능성이 높다. 가끔은 이 부분이 회의 내내 확실하지 않을 수 있다. 상사가 지켜보는 동안 다른 직원이 논의의 많은 부분을 처리하는 수도 있기 때문이다.

시작할 때 사람의 지위와 직함을 상세히 알리는 명함에서 단서를 얻을 수도 있다. 회의는 보통 명함을 교환하며 시작하고, 따라서 명함을 항상 충분히 챙겨 다녀야 한다. 명함은 조직 내에서의 자격과 지위를 보여주는 역할을 한다.

누가 의사결정권자인지 여전히 확실치가 않다면, 보디랭귀지를 주의 깊게 살펴보자. 다른 사람들이 한 사람(보통은 남성이다)을 다르게 대한다거나, 언제나 그의 견해에 동의할 것이다. 회의는 언제나 조화를 유지해야 한다. 누군가가 회의실에 들어오면, 다른 사람들은 그를 바라보며 와이를 하거나 몸을 굽힐 것이다.

회의가 긴장감 없는 방식으로 진행된다고 하더라도, 태국의 예의를 지키는 원칙을 잊어도 된다는 의미는 아니다. 정중해야 하고, 조용한 목소리로 말해야 하며, 지나치게 활발하거나 흥

분해서는 안 된다. 다시 말해 침착하고, 차분하며, 냉정해야 한다. 그리고 그 어떤 무례도 범하지 않도록 최선을 다하자.

정부와의 거래

고위직 정부 공무원은 태국 사회에서 높은 지위를 차지하며 언제나 공경을 담아 대접해야 할 대상이다. 그러나 최고위직에 있는 많은 사람들은 정무직으로서, 가끔 종신 공무원에게 의사결정을 위임한다는 사실을 염두에 두자. 이 최고위직은 중요성을 지닌 사람들로, 최고위직 협조가 결정적으로 중요한 역할을 하기 때문에 가능한 한 돈독한 관계를 구축하는 것이 매우 중요하다.

태국 정부는 가끔 컨설턴트와 다른 전문가들을 불러들여 단편적인 관점에서 조언을 받는다. 무슨 일을 해야 하는지 너무 잘 알고 있는 고학력의 공무원 집단이 있음에도 말이다. 안타깝게도 공무원의 위계적 특성 때문에, 더 젊은 공무원들은 상위 지휘계통의 누군가에게 적대감을 불러일으킬까 봐 두려워하며 자기 의견을 밝히지 않는 경향이 있다. 모든 정부부서가 그러는 것은 아니지만, 승진 여부는 윗사람의 지시에 어느 정도로 복종하는가에 달려 있다.

외국인 컨설턴트는 기본적으로 유리한 위치에서 출발하게 된다. 비록 권한을 가진 이들이 최종적으로는 수용하지 않기로 결정할지라도, 외국인의 의견에 귀를 기울일 가능성이 더 높다. 그러나 전문가마저도 가끔은 현지에 대한 지식 부족으로 좌절할 수 있다. 다른 국가에서 잘 통했던 경영이론이 태국에서는 완전히 다른 문화가 작용하면서 재고할 가치도 없는 생각이 될 수도 있다.

가장 좋은 계획은 선입견 없이 가서 현장과 가까운 사람의 의견을 구하는 데서 시작하는 것이다. 완전히 낮은 지위에 있는 사람이라면 상급자가 의견을 묻는 경험을 해본 적이 없을 수도 있다. 이들의 의견을 들을 수 있는 장소는 하급자들이 침묵을 지켜야 하는 대규모 회의에서가 아니라, 좀 더 비공식적인 수준에서, 예를 들어 커피나 식사를 하면서가 되겠다.

가끔은 하급자들의 생각이 유용하다고 증명될 수도 있고, 이들이 억울하지 않도록 보고 과정에 참여시킬 수도 있을 것이다. 이들은 외국인으로부터 훌륭한 의견임을 인정받을 때 우쭐해하고, 또 그 제안서 일부를 구성했다는 점에서 기뻐할 것이다.

태국 공무원은 특별히 급료가 높지 않으며, 가끔은 부업을 가지기도 한다. 외국인 사업가를 돕기 위해 돈도 받지 않고 시간 외 근무를 할 것이라 기대하지 말자.

여성과 사업

태국에 여성 총리가 있었다는 사실은 어쩌면 태국에 유리천

장이 존재하지 않는다는 증거가 되기도 한다. 그러나 고위직과 관리직에서는 여전히 남성이 여성보다 수적으로 우세하다. 기업과 정부에는 뛰어난 능력과 경쟁력을 갖춘 여성들이 많으며, 일부는 조심스럽고 순종적으로 보이긴 하나 그 여성들의 영향력이나 능력을 과소평가하는 위험을 감수하지는 말아야 한다.

뇌물

동남아시아 여러 분야에서 부패가 만연하며, 태국은 결코 최악의 부패국가가 아니지만 그런 관행에서 예외는 아니다.

태국에 새로 온 외국인이라면 목표를 달성하기 위해 누군가의 품에 돈을 찔러줄 준비를 해야 하는지 궁금할 것이다. 여기에 만족스러운 답을 해주기는 쉽지 않다. 물론 태국인들도 외국인이 이런 상황에서 예의를 지키기 위한 뉘앙스와 극도의 예민함을 이해하리라 기대하지는 않는다. 다만 외국인이 먼저 뇌물을 주려고 시도한다면, 이를 인지했든 안 했든 법적인 함의를 지닌 행동이 될 수 있으며 대부분의 경우 공격적인 의미로 해석될 수 있다.

최고의 해결방안은 돈을 지불해야 할 상황에서 처리해줄 수 있는 평판 좋은 에이전트를 찾는 것이다. 태국에서 운영되는 모든 조직은 현지 조직이든 외국계 조직이든 저마다 만능 해결사를 고용하고 있다. 이러한 해결사들은 인맥이 넓고 일이 매끄럽게 흘러가려면 무엇을 해야 하는지 정확히 아는 사람들이다.

부패의 문제는 주기적으로 태국 언론에서 다루는 사항이다. 부유하고 강력한 여러 개인은 분명 건드리지 못하고 있지만, 전국적인 반부패 위원회가 분주히 움직이고 있다.

예전에 주재한 태국 영국대사가 전하는 한 가지 든든한 조언이 있다. "방콕에서 가장 크게 성공한 서구 기업 중 일부는 단 한 번도 불법적인 돈에 의존한 적이 없다는 것을 알아야 합니다. 바로 이 민감한 문제를 모두에게 만족스럽게 해결할 수 있는 합법적인 방법이 다양하기 때문입니다."

태국 내 취업

태국에서 영어 사용자가 사업이나 학문 외의 분야에서 얻을 수 있는 기회는 결국 외국어로서 영어를 가르치는 일이다. 물론 남부 섬 지방에서 다이빙 강사로 일하는 방법도 있다. 여전히 온갖 종류의 비공식적인 자리를 상당히 쉽게 찾을 수 있음에도, 고작 10년 전과 비교하면 이제는 태국에서 합법적으로 고용된 교사가 되기는 훨씬 어려워졌다. 일반적으로 대부분의 학교는 최소한 학위와 영어교육 자격증을 요구하고 있으며, 아무런 경험이 없는 영어 사용자에 대해서는 의심할 것이다. 그러나 태국에서 대부분의 일들이 그러하듯, 의지가 확고하고 재치 있고 돈보다는 경험에 더 관심이 많은 이라면 쉽게 길을 찾을 수 있을 것이다. 역사가 오래된 웹사이트인 www.ajarn.com은 취업시장과 문화에 입문하기 위한 귀중한 자료를 제공하며 일자리 목록도 찾아볼 수 있다.

비자와 노동허가증 체계 역시 최근 들어 훨씬 엄격하고 요구하는 바가 많아졌으며, 2006년 이후 탄력을 받아 그 흐름이 계속되고 있다. 규제와 요구사항은 빈번히 변경되며 개개인의 상황과 지역에 따라 전적으로 달라진다. 따라서 사전에 미리 온라인을 통해 조사를 철저히 하는 것이 필수다.

09

의사소통

태국인들은 말하기를 좋아하고 보통은 내성적이지 않다. 일부 태국인들은 자신감이 부족하지만 외국인들이 차분하고 정중하게 대한다면 곧 긴장을 풀 것이다. 태국어는 생각보다 어렵지 않게 배울 수 있고, 흥정을 하고 간단한 대화를 나눌 수 있을 정도로 배우고 나면, 특히 영어를 할 줄 모르거나 하고 싶지 않은 태국인들과도 매우 잘 지내게 될 것이다.

태국인들은 말하기를 좋아하고 보통은 내성적이지 않다. 외국인들이 태국인들을 궁금해하듯, 많은 태국인들이 외국인에 대해 궁금해한다는 것을 깨닫게 될 것이다. 일부 태국인들은 자신감이 부족하지만 외국인들이 차분하고 정중하게 대한다면 곧 긴장을 풀 것이다. 태국어는 생각보다 어렵지 않게 배울 수 있고, 흥정을 하고 간단한 대화를 나눌 수 있을 정도로 배우고 나면, 특히 영어를 할 줄 모르거나 하고 싶지 않은 태국인들과도 매우 잘 지내게 될 것이다.

태국어

태국어는 자체적인 문자 체계를 가진 성조언어로, 나라 전체에서 쓰인다(보통은 라오스인들도 태국어를 이해할 수 있다). 영어가 라틴어와 그리스어로부터 영향을 받았듯, 태국어 역시 고대 팔리어와 산스크리트어로부터 영향을 받았다. 태국의 신조어들은 영어로부터 차용하거나 또는 팔리어나 산스크리트어로부터 빌려오는 경우가 왕왕 있다.

인근 국가의 언어와 마찬가지로 태국의 문자 체계는 고대 크메르어에서 비롯됐는데, 크메르어 자체도 고대 인도문자에서 나온 것이다. 문자는 44개 글자로 구성되며, 21개의 자음과 16개의 발음구별부호(읽는 사람에게 글자를 어떻게 발음해야 하는지 알려주는 부호), 4개의 성조 부호로 표현된다. 또한 발음구별부호는 합쳐져서 32개의 모음자를 나타낸다. 이 모음과 성조 부호는 자음의 위나 아래, 혹은 양쪽 모두에 붙는다. 태국어는 통틀어 5개의 성조를 가졌으며 화자가 사용하는 성조가 단어의 의미를 나타낸다.

태국어는 분석어로 단어의 순서와 불변화사가 영어의 어미나 어형변화와 동일한 역할을 한다. 그래서 실제로 기본적인 수준의 태국어는 다소 쉽게 배울 수 있다. 예를 들어 태국어 명사는 복수형이 없고, 대명사는 생략되며, 시제는 보통 사용하지 않는다. '빠이 티우 bpai tiew(나가다)'는 전적으로 맥락에 따라 '그가 나갔다', '나는 나가는 중이다', '그녀는 나갈 것이다' 등을 의미할 수 있다.

기초 태국어를 배우는 일은 예상보다는 힘들지 않으나, 모든 언어가 그렇듯 노력이 필요하다. 그러나 전혀 불가능한 일은 아니며 노력할 가치가 있다! 초보자가 느낄 한 가지 어려움이 있다면 예를 들어 태국어를 로마어로 바꿀 수 있는, 보편적으로 사용되는 음역 체계가 없다는 것이다. 따라서 태국어 단어를 음역할 때 가끔 철자가 일관적이지 않을 수 있다. 예를 들어 카오산로드가 가이드북에는 'Kaosan Road'라고 나오지만 거리 표지판에는 'Khao San Road'라고 쓰여 있을 수 있다. 이 책은 태국 알파벳을 가능한 한 음성학적으로 정확하게 표기할 수 있는 방식에 따라 음역했다.

【 자음 】

ก 꺼(g)	ซ 써(s)	ณ 너(n)	ป 뻐(bp)	ร 러(r)	ฬ 러(l)
ข 커(k)	ฌ 처(ch)	ด 더(d)	ผ 퍼(p)	ฤ 러(r)	อ 어(o/aw)
ฅ 커(k)	ญ 여(y)	ต 떠(dt)	ฝ 훠(f)	ล 러(l)	ฮ 허(h)
ฆ 커(k)	ฎ 더(d)	ถ 터(t)	พ 퍼(p)	ว 워(w)	
ง 응어(ng)	ฏ 떠(dt)	ท 터(t)	ฟ 여(f)	ศ 써(s)	
จ 쩌(j)	ฐ 터(t)	ธ 터(t)	ภ (p)	ษ 써(s)	
ฉ 처(ch)	ฑ 터(t)	น 너(n)	ม (m)	ส 써(s)	
ช 처(ch)	ฒ 터(t)	บ 버(b)	ย (y)	ห 허(h)	

【 모음 】

태국어 모음은 단모음이 될 수도, 장모음이 될 수도 있다. 앞서

이야기했듯 표기는 영어에서처럼 항상 자음 뒤에 오는 것이
아니라 앞이나 위, 아래, 또는 어느 쪽에든 올 수 있다. 다음은
대략적인 발음과 함께 가장 많이 쓰이는 모음들이다. ˘은 단모
음을, ⁻은 장모음을 나타낸다.

ุ 우(ŭ)	ํา 암(ŭm)	ื 으(eu)	ู 우ː(ōo)	โ 오ː(ō)
ั 아(ă)	ี 이(ī)	ื 으(eu)	เ 에ː(ē)	ไ 아이(ai)
า 아ː(ā)	เ 에ː(ēe)	ุ 우(ŏo)	แ 애(æ)	ใ 아이(ai)

【성조】

영어 사용자에게 더 큰 문제는 태국어가 중국어나 베트남어
와 마찬가지로 성조언어라는 점이다. 이는 모음이 음과 성조
에 따라 구분된다는 의미다. 예를 들어 /카오/라는 단어는 모
음의 성조와 길이에 따라 쌀, 흰색, 그 남자, 뉴스, 산 등 다양
한 의미를 가질 수 있다. 성조를 '노래하듯' 할 필요는 없으며,
억양은 개인마다 자연스러운 말소리에 따라 덧붙이면 된다. 태
국인들이 발음하는 소리를 먼저 들어보면 어떻게 발음되는지
이해할 수 있을 것이다.

- **고성** (가끔은 발음구별부호 / ´ /로 표기되기도 한다)

- **저성** / ` /

- **상성** / ˇ /

- **하성** / ˆ /

- **평성** 강세나 표시가 없음

성조를 연습하기 위한 좋은 방법은 저성과 상성, 하성을 가진 태국어 숫자를 읊어보는 것이다. 태국어 숫자는 다음에 정리되어 있다.

【태국어 숫자】

태국인들은 날짜를 표현하기 위해 보통은 아라비아(서양식) 숫자를 사용하긴 하나, 가끔은 태국인만의 숫자 체계에 의지하기도 한다.

๐ (0)	๔ (4)	๘ (8)
๑ (1)	๕ (5)	๙ (9)
๒ (2)	๖ (6)	๑๐ (10)
๓ (3)	๗ (7)	๒๐ (20)

일부 자음은 단어 끝에서 소리가 바뀐다. 'l'과 'r'은 'n'으로 발음되며, 따라서 태국인들은 '호텔^{hotel}'을 '호텐^{hoten}'으로 발음하는 경향이 있다. 'j'와 's', 'ch'의 음은 't'로 발음된다.

태국인과의 커뮤니케이션

태국 학생들은 학교에서 영어를 배우느라 몇 년을 보내지만, 수많은 졸업생들의 전체적인 영어 수준은 형편없다. 특히 방콕에서 멀리 떨어진 지방일수록 태국인들을 이해하기에 어려움을 겪을 수 있고, 그들 역시 외국인을 이해하느라 애를 먹을 것이다. 영어가 두루두루 쓰이는 인기 높은 관광중심지에서조차 커뮤니케이션 문제가 벌어질 수 있으니, 내가 말한 내용을 상대가 완전히 이해하지 못했을 수도 있음을 알아야 한다.

대화 상대가 알쏭달쏭한 표정을 짓는다면 더 간단한 영어 표현을 사용하거나, 억양 없이 더 천천히, 하지만 너무 느리지 않게 말하도록 노력해보자. 택시나 버스를 탈 때 누군가에게 부탁해서 목적지를 글로 써달라고 하는 것도 좋은 생각이다.

그렇게 할 수 없을 때는 직접 영어로 목적지를 써보자. 심각한 음식 알레르기가 있을 때도 마찬가지다. 태국인들은 종종 영어를 말하는 것보다 읽는 것을 훨씬 더 수월해한다.

태국식 영어 이해하기

대부분 태국에서 영어를 배운 태국인들은 아주 강한 태국식 악센트를 가지고 말을 한다. 다음과 같은 경향이 있음을 예상하며 태국식 영어에 대비해보자.

태국인들은 종종 자음 사이에 모음을 끼워 넣어 분리한다. '위스키Whiskey'는 '위시키Wisiki'가 되고 '스마트 Smart'는 '세마트 Semart'가 된다. 가끔은 모음을 빠뜨리기도 한다. '익스큐즈 미 Excuse Me'는 '스쿠 미Sku me'가 된다.

앞서 언급했듯 태국인들은 일부 자음으로 끝나는 어미를 발음하기 어려워한다. 예를 들어, 'l'로 끝나는 단어는 마지막 자음이 'n'으로 발음되기 때문에, '빌bill' 대신 '빈bin', '호텔 오리엔탈Hotel Oriental'은 '호텐 오리엔텐Hotel Orienten'으로 발음하는 것을 들을 수 있다. 's', 'ch', 'j' 그리고 'th'음으로 끝나는 단어에서 마지막 자음은 't'로 발음된다. 샌드위치는 '샌윗senwit', '워시wash'는 '웟wot', 그리고 스미스Smith는 '사밋Samit'이 된다. 'R'은 간혹 'l'로 발음되어서, 예를 들어 '코렉트 correct' 대신 '콜렉트collect'라고 하거나 '롸이트 right' 대신 '라이트 light'라고 할 수도 있으며 아예 발음하지 않을 수도 있다.

많은 태국인들이 스스로 털어놓는 것보다는 영어를 잘하지만, 실수를 저지를까 봐 두려워서 말하기를 꺼린다. 태국인이 영어로 말을 건넬 때 참을성을 가지고 주의 깊게 귀를 기울인다면 상대가 좀 더 긴장을 풀 수 있을 것이다.

호칭

태국어를 하는 사람들은 보통 누군가를 부를 때 이름 앞에
접두사를 붙인다. 이러한 접두사는 가족적이거나 정중한 의미
다. 성별에 상관없이 정중하게 사람을 부를 때 가장 안전한 방
법은 이름 앞에 쿤^{koon}을 붙이는 것이다('book'처럼 'oo'를 발음한다).
따라서 추안 웡시리^{Chuan Vongsiri}는 쿤 추안이라고 부를 수 있다.
태국인들은 외국인을 영어로 부를 때 성이 아닌 이름을 쓰므
로, 이를테면 '미스터 스미스'가 아니라 '미스터 빌'이라고 부를

유용한 표현	
감사합니다	컵 쿤캅/카
네	차이
아니오	마이 차이
실례합니다/죄송합니다	커 톳
이해하지 못했습니다	마이 카오 짜이
행운을 빕니다	촉디
신경 쓰지 마세요/걱정하지 마세요	마이 뺀 라이
이것은 무엇입니까?	니 아리아
얼마인가요?	타오 라이?
깎아주세요.	롯 너이 다이 마이

것이다.

어떤 이에게 왕실 직위가 있다면(그리고 그런 사람을 만날 가능성이 있는 공식 방문을 한다면), 그 사람을 어떻게 불러야 할지 미리 알아두어야 한다. 어떤 경우에는 모든 관련 정보가 담긴 카드를 미리 받을 수도 있다. 그러나 누군가를 부를 때, 심지어 총리를 부를 때도 쿤이라고 부르면 더할 나위 없이 완벽하다.

문장을 공손하게 바꾸기 위해서 태국인들은 '크럽(보통은 컵이라고 발음한다)' 또는 '카'라는 접미사로 끝맺음을 한다. 앞의 접미사는 남성용이고 뒤의 접미사는 여성용이다. 이러한 접미사는 모든 인사와 격식 차린 말에 보편적으로 쓰이며, 따라서 거의 모든 문장을 이 접미사로 끝낼 수도 있다. 예를 들어 태국의 인사말인 '사왓디'는 남자가 말할 때는 '사왓디 컵', 여자가 말할 때는 '사왓디 카'가 된다.

태국어 배우기

가장 기초적인 수준일지라도 태국어를 할 줄 안다는 것은 많은 이점이 있다. 우선 태국인들은 외국인이 태국어를 발음할 때 키득 웃을지 몰라도 상대가 노력한다는 점에 감사할 것이다. 게다가 언어에 대한 지식을 어느 정도 가지면 상점이나 시장에서 좀 더 효과적으로 흥정을 하고 길을 찾는 데 도움이된다. 중심지에서는 용케 영어로 다닐 수 있을지 몰라도, 일단인적이 드문 곳에 가게 되면 상황이 훨씬 어려워질 수 있다.

한동안 태국에 머물기로 계획하고 있다면, 꼭 기초 태국어를 배우기를 권한다. 많은 이들이 태국 문자를 읽고 쓰기가 너무 어려울 것이라고 믿으면서, 로마자로 된 태국어에 의존하며태국 문자 배우기는 생략하곤 한다. 실제로는 문자를 배우는것은 상당히 쉽고 재미있으며, 발음과 이해를 더 잘할 수 있는

· 발음의 문제 ·

방콕에서 멀지 않은 어느 내륙의 레스토랑에서 한 영국 남자가 농어(쁠라 까퐁)를 주문하기로 마음먹고, 이 태국 특산물에 다진 양념을 곁들이기를 원했다. 안타깝게도 그의 발음은 살짝 엉망이었고, 생강과 허브를 넣고 찐 맛있는 생선요리 대신, 나온 것은 정어리 한 접시였다. 종업원은 그가 캔에 든 생선(쁠라 끄라뽕)을 원한다고 생각했던 것이다.

태국에서 하루는 아홉 부분으로 나뉜다. 태국인들은 자체적인 시간제와 더불어 24시간 제도 사용하지만, 태국 고유의 시간제를 이해하는 것은 유용할 것이다.	
자정	티앙 크은
1:00AM~5:00AM	띠능-띠하
6:00AM~11:00AM	혹 몽 차오-씹 엣 몽 차오
정오	티앙 완
1:00PM	바이 몽
2:00PM~3:00PM	바이 썽 몽-바이 쌈 몽
4:00PM~6:00PM	씨 몽 옌-혹 몽 옌
7:00PM	툼 능
8:00PM~11:00PM	썽 툼-하 툼

분(나티)를 나타내는 숫자는 시간 뒤에 붙으므로, 1시 10분은 바이 몽 씹이 된다. 밤 12시 30분은 '티앙 크은 크릉'이라고 한다(크릉은 '절반'이라는 뜻).

결과를 낳는다.

따라야 할 규칙

이 책의 목적은 태국인의 행동을 해석하기 위해 그 행동을 유발한 문화적 가치를 이해하고, 미소의 나라에서 무엇이 적절한 행동인지 감을 잡는 데 있다. 다음 목록은 태국의 예의범절에서 가장 중요한 특성들을 다시 한번 살펴보고 태국인들과 화기애애하고 잡음 없는 관계를 유지하기 위해 작성됐다.

【해야할일】

- 밀접한 신체접촉을 피한다.
- 깔끔하고 보수적으로 옷을 입는다.
- 듣기 좋은 말을 하고 칭찬을 한다.
- 냉정을 잃지 않는다.
- 왕실과 승려를 포함한 불교, 그리고 국기 등의 모든 국가적 상징에 대해 존경을 표한다.
- 미소를 지으며 인내심을 가진다.
- 영어로 말할 때는 부드럽고 명료하게 말한다.
- 집이나 절에 들어갈 때는 신발을 벗는다.
- '쿤'을 이름 앞에 붙여서 부른다.

【하지말아야할일】

- 비꼬지 말 것.
- 불평하거나 비판하지 말 것.
- 거친 몸짓을 하지 말 것.
- 눈에 띄게 짜증 내지 말 것.

- 손가락으로 사람을 가리키지 말 것.
- 발로 가리키거나 자리에 앉을 때 발을 올려놓지 말 것.
- 고함치지 말 것.

인터넷과 심카드

인터넷은 태국 대부분 지역에서 빠르고 안정적이며, 2020년 5G 휴대전화 서비스도 2곳의 이동통신 사업자에 의해 시작됐다. 스마트폰은 어디에나 있고 태국은 지구상 다른 어느 나라보다도 디지털 시대에 잘 안착하고 있다. 페이스북은 현재까지 가장 인기 좋은 SNS 플랫폼이며, 태국 내에 약 5천만 명 정도의 가입자가 존재하므로 통계상으로는 언제나 세계에서 가장 많은 가입자를 보유한 나라 가운데 하나다. 태국인들은 페이스북을 통해 개인 프로필을 운영하는 것 외에도 그룹을 형성하고, 사교모임을 준비하며, 물건을 사고팔거나, 크든 작든 사업을 보여주는 데 사용한다. 무료 메시지 앱인 라인^{Line} 역시 인기가 많다. 다운로드 받을 만한 앱은 뒤에 나오는 '유용한 앱'을 참고해보자.

언론과 검열

태국에는 6개의 지상파 방송국이 있는데 대부분이 군과 정부의 소유다. 또한 수도 없이 많은 위성채널과 라디오방송국도 있다. 다른 동남아시아 국가들과 비교해서 인쇄매체 발행도 상당히 활발한데, 다양한 수준의 대형 일간지 약 10개, 그리고 정치와 문화, 종교, 스포츠, 여행 등을 다루는 여러 잡지사 등이 있다. 주요 영어신문으로는 〈방콕포스트 The Bangkok Post〉와 〈네이션 The Nation〉 2개 사가 있다.

인터넷 사찰과 언론 검열은 주로 정치적 비판과 활동과 관련해 지난 몇십 년 동안 지속적으로 심각해지고 있다. 인쇄매체는 여전히 군주제를 제외한 거의 모든 것을 낱낱이 공개적으로 논평하면서 용케도 버티고 있다.

결론

영국의 외교관 윌리엄 우드 ^{W. A. R. Wood}는 지난 세기에 젊은 나이로 태국에 와서 『낙원의 영사 ^{Consul in Paradise}』라는 책을 썼다. 많은 전임자들과 마찬가지로 우드도 이 나라와 국민들에게 반해 버렸고, 결국은 이 '낙원'에 자리 잡게 됐다.

그러나 최근 몇 년간 태국이 빠르게 산업화되면서 이 나라가 곧 잃어버린 낙원이 될 것이라는 두려움이 생겨나고 있다. 방콕은 더 이상 우드가 처음 발을 디뎠을 때와 같은 고요한 도시가 아니다. 이제는 자연의 아름다움을 간직한 조용하고 외진 장소를 찾으려면 방콕으로부터 몇 시간이나 멀리 나가야만 한다. 게다가 혹자는 태국의 유형문화와 무형문화 모두에서 그 색깔과 개성이 점차 약화되고 있음을 두려워한다. 세계화의 압도적인 영향력이 가차 없이 미치고 있기 때문이다.

물론 변화는 완전히 자연스러운 일이며, 태국은 몇 세기 동안 그러했듯 현대의 압박과 문제에 계속 적응할 것이다. 이 책에서는 그저 겉만 핥았을 뿐이지만, 태국의 정체성은 모든 사회적·문화적 다양성과 함께 회복력이 있다. 역사학자 마우리치오 펠레기 ^{Maurizio Peleggi}가 강조했듯 태국은 언제나 '세계적인 왕국'이었으며, 태국의 문화는 외부 세계와의 상호작용과 연대를 통해 심도 깊이 형성되었다. 많은 면에서 이는 태국이 지닌 매력의 일부가 된다. 태국은 풍요롭고 매력적인 국가이며, 그 국민은 다정하고 우호적이다. 그리고 적어도 당분간은 그 타고난 눈부심을 간직할 것이다.

유용한 앱

【 커뮤니케이션과 사교활동 】

Eventbrite 방콕에 머무르는 동안 근처에서 무슨 행사가 있는지 보자.
라인(Line) 태국 친구들에게 메시지를 보내고 싶다면 이 앱이 필요할 것이다.
Longdo 믿을 만한 영어-태국어 번역 앱. 영어나 태국어를 입력하면 된다.
Thai by Nemo 태국어를 배울 수 있는 무료 앱. 발음을 위한 오디오 자료도
포함되어 있다.

【 여행과 교통 】

Agoda/Booking 양쪽 모두 믿을 만한 호텔 예약 앱.
Air Visual 태국 내 대부분 지역의 상세한 대기질 정보를 얻을 수 있다. 북부
의 대기질이 극도로 악화되는 건기에 유용하다.
Amazing Thailand 공식적인 태국 정부관광청 앱으로 각 지방에 관한 자세
한 정보를 제공한다.
Bangkok MRT 방콕의 지하철을 이용하는 여행계획 앱. 버스 노선이나 오토
바이 택시 승차장 등 추가적인 대중교통 정보도 제공한다.
BTS Skytrain 방콕의 공식적인 스카이트레인 앱. 노선, 승차권 가격, 버스 노
선, 그리고 방콕의 주요 기념물 등에 대한 정보를 제공한다.
Grab 마음의 평화와 함께 편리함도 안겨주는 택시 앱. 음식 배달도 가능하다.
배달이나 도착 시점에 돈을 지불하는 것도 가능하다.
NOSTRA Mup 태국 전역의 오프라인 지도. 경로 계획, 관심 지점, 실시간 교
통정보 등을 포함하며, 어느 여행지를 선택하든 모든 교통정보를 알려줄 것이
다. 영어와 태국어로 되어 있다.

12go.asia 앱이 아니라 웹사이트다. 아시아 전역의 배와 버스, 기차, 비행기표를 원스톱으로 구입할 수 있다.

【 식사와 쇼핑 】

이티고(Eatgio) 방콕과 파타야, 치앙마이의 레스토랑들을 검색하고 예약할 수 있다. 매일 다양한 할인 혜택을 제공한다.

Food Panda 근처 레스토랑에서 음식을 주문해 배달받을 수 있다.

Lazada 동남아시아에서 가장 인기 있는 온라인 쇼핑 플랫폼

참고문헌

Baker, Christopher and Pasuk Phongpaichit. *A History of Thailand*. Melbourne: Cambridge University Press, 2009.

Baker, Christopher and Pasuk Phongpaichit. *The Tale of Khun Chang Khun Paen: Siam's Great Folk Epic of Love and War*. Chiang Mai: Silkworm Press, 2012.

Cornwel-Smith, Philip and John Goss. *Very Thai: Everyday Popular Culture*. Bangkok: River Books, 2013.

Kitiarsa, Pattana. *Mediums, Monks and Amulets: Thai Popular Buddhism Today*. Chiang Mai: Silkworm Books, 2012.

Krairoek, Piraya. *Roots of Thai Art*. Bangkok: River Books 2012.

Lapcharoensap, Rattawut. *Sightseeing*. New York: Grove Atlantic, 2006.

Osborne, Lawrence. *Bangkok Days*. Vintage Books USA, 2010.

Osborne, Milton. *Southeast Asia. An Introductory History*. London: Allen & Unwin 2013.

Peleggi, Maurizio. *Thailand: The Worldly Kingdom*. London: Reaktion, 2007.

Smyth, David. *Teach Yourself Thai*. London: McGraw-Hill, 2003.

Thai Phrase Book and Dictionary. London: Berlitz, 2011

Wyatt, David K. *A Short History of Thailand*. Chiang Mai: Silkworm Press, 2004.

지은이

J.로더레이

J.로더레이는 태국과 동남아시아 문화와 종교를 전공한 작가이자 연구원이다. 2003년 이래 동남아시아 대륙 곳곳에서 거주하고 여행해왔으며, 캄보디아의 폴포트 시대와 아피찻퐁 위라세타꾼의 영상예술, 그리고 태국의 영혼 숭배와 대중불교를 포함해 다양한 주제를 다룬 연구를 하고 있다.

옮긴이

김문주

연세대학교 정치외교학과 졸업 후 연세대학교 신문방송학과 석사를 수료하였다. 현재 번역에이전시 엔터스코리아에서 전문 번역가로 활동하고 있다. 주요 역서로는 『굿바이 불안장애』, 『민주주의의 정원』, 『예술가는 절대로 굶어 죽지 않는다』, 『거울 앞에서 너무 많은 시간을 보냈다』, 『셰이프 오브 워터』, 『펭귄을 부탁해』 등이 있다.

세계 문화 여행 시리즈

세계의 풍습과 문화가 궁금한
이들을 위한 필수 안내서